International Comparison of Re-formings of Islamic Education

イスラーム教育改革の 国際比較

日下部達哉 編著

Tatsuya KUSAKABE

東信堂

序　文

　本書は、各国で進行するイスラーム復興運動に伴う、ムスリムの手による主体的なイスラーム教育改革を活写、国際比較することにより、「今日的イスラーム」創出に尽力するムスリムの在り方の多様性を示すとともに、「ムスリムであること、またムスリムらしさを決して手放さないのはなぜか」、という問いにアプローチする。

　世界には実に多様な「ムスリム居住地域」が存在する。日本で高校までに教えられている地理の授業では、中東地域を中心に、北アフリカ、中央アジア、南アジア、東南アジアといった地域が「イスラームの国々」だと教えられる。しかし実際に視線を人々の生活レベルまでおろしてみると、自らの暮らす日本にもすぐ隣にムスリムはいる。また世界各地に居住するムスリムたちの暮らしは、現地の文化や環境、考え方と結びついて、きわめて多様化しており、我々がもつムスリムのイメージで一括りにすることはできない。また一方、グローバルに情報が共有される時代にあっても、彼らの中にある「ムスリムネス」、すなわちムスリムとしてのあるべき姿がそれによって違うものに塗りかえられることはなく、むしろ彼らにおけるムスリムネスは強固になってすらいる。

　ムスリムネスという言葉は、一般的には、「ムスリムらしさ」、あるいは「ムスリムとしてのあるべき姿」という定義でことたりるだろう。ただし、本研究においては、「イスラームにおける宗教的権威を有する機関・政府、あるいは宗教教育機関において、ローカルからグローバルまでの社会情報の収集、解釈がなされたうえで創出・普及される〈ムスリムらしさ〉の同時代的規範性」と定義したい。昨今、物議を醸しているアフガニスタンのターリバーンも、言行不一致が指摘されるところではあるが、前回政権における姿勢を建て前の上では軟化させ、女性の教育、社会進出を条件付きで肯定、またアメリカに協力していた者たちへの恩赦を行うなど、世界の耳目を気にして、また政

権運営上の問題があるのだと思うが、多くの新しいターリバーン像を創出しようとしている。これは政権内に、アフガニスタンをとりまく世界情勢を収集・分析する者たちがいて、アフガニスタンのムスリムがどうあるべきかの像、すなわち政権のメッセージとしての新たなアフガン・ムスリムネスを打ち出そうとしていると分析できる。

この枠組みは国内外の政治や国際関係といったマクロレベルの事象のみならず、我々の日常においてもあてはめられる。編者・筆者らは日ごろ、アジア・アフリカの国々から、ムスリムを留学生として受け入れている。彼ら、特に女性の留学生は、顔まで隠していることはめったにないが、ブルカやジルバブとよばれる、髪の毛を覆うヴェールをけして人前ではとらないし、ラマダンと呼ばれる断食月の日中、食べ物や飲み物を摂取しようとはしない。彼らにその理由を聞くと、「ムスリムだから」とシンプルに応える。しかし、その「ムスリムだから」という言葉に凝集されているムスリムネスは、必ずどこかのだれかに教わったものである。イランやアフガニスタンなど、イスラーム諸国の中でも、かつて米国の影響下にあった国々では、我々と同じく、女性が洋装していた時期もあった。しかし、現在では肌を露出しない服装が通常になっている。そうした変化は、政治体制の変化とともに立ち現れる場合もあるだろう。しかし多くの場合、個々のムスリムは、六信五行と呼ばれる、ムスリムが信ずるべき六の信条、そして実行すべき五つの義務を実践している。ちなみに六信とはアッラー、天使、啓典、預言者、来世、予定で、五行とは信仰告白、礼拝、喜捨、断食、巡礼である。

いったい、ムスリムネスの源泉というものはどこにあるのだろうか。編著者らは、こうしたことの背景に、学校や地域、家庭、またイスラームに特有なモスク、マドラサなどの宗教機関におけるイスラーム教育が機能していることがあるのではないかと考えた。それら教育を担う各所において、時代に合わせたムスリムネスの解釈が行われ、その解釈に基づき、現代ムスリムのあるべき姿の理念が形成され、教育内容や方法に改革が加えられる。そうした現代ムスリムたちがムスリムネスを失わないような動きがみられるのではないだろうか。

　既に知られているところでは、ファトワーと呼ばれる、ウラマー（イスラーム法学者）が発令する、ムスリムの公的あるいは家庭的な法的問題の質問・要請に対する口頭あるいは書面による返答がある。その基本は、生活のあらゆる場面で起こることを、ハラール（合法）であるか否か判断するもので、広くは近年、ムスリマ（ムスリム女性）のために開発された水着であるブルキニを認める、といった発令があれば、身近なところでは離婚問題に言及される場合もある。また、興味深いところでは、今や世界中に広がったポケモンがハラーム（非合法）であるといわれた場合もある。こうしたファトワーの知見は、多くのムスリムたちのムスリムネスを促進させる。

　しかし、どうやってそれらはムスリムの間に流布、解釈されているのであろうか。また受け止める力はいかに教えられているのであろうか。今はエジプトのアル・アズハルや、インドのデーオバンドといった高名なマドラサ（イスラーム学院）が出すファトワーをウェブサイト上で見ることができるが、受け止める側にそれなりの意識が育っていなければ、ファトワーの解釈などできるはずもない。

　本研究グループでは、そうしたことに着目し、幼少期からムスリムたちがあらゆるところで受けるイスラーム教育を研究対象とした。ムスリムたちは、家庭においてのみならず、モスク、マドラサ、コミュニティといった場所で時代に合ったイスラーム教育をうけて初めて、良いムスリムとしてのふるまいとは何か、といった受け皿としてのムスリムネスをもつことになる。では世界各地において行われるイスラーム教育は、いかに現代性を獲得し、教育内容を改革してきているのであろうか。本書では、こうした問いに応えるべく、ムスリムネスの源泉ともいえるマドラサや一般の学校で行われているイスラーム教育改革の実態に迫る。そのことにより本書は、現代のムスリムがムスリムたり得ている一つの理由に迫るとともに、決してイスラームが過激な宗教などではなく、変わりゆく現代に急いで対応しなければ生徒が離れてしまうなど、なかなか大変なマドラサの経営などを映し出すことに努力していることを描き出す。読んでいただければ、ムスリムの教育関係者たちが、我々と変わらない悩みや憂いを抱えており、教育という世界的なマーケット

で苦労しながら改革をしている様子がわかるはずである。そうした「センセーショナルではないイスラーム」を描くことは、イスラーム居住地域ではないところに住む我々のムスリム理解を促進し、来るべき多文化社会を平和的に発展させるための Think globally, act locally の取り組みの一つである。

　冒頭に述べた通り、イスラームが世界中に広まり、各地で彩り豊かで多様なイスラーム文化を生んでいる以上、国・地域間の比較という視点を取り入れて研究を行うべきであろう。各国のイスラーム教育を国際比較、また地域間比較することにより、多様性を理解するのはもちろん、どこに統一性があるのかもおぼろげながら見えてくるに違いない。

　本書では、各執筆者にイスラーム教育（認可／無認可マドラサ、公教育での宗教教育、その他）における①自己認識論、②改革理念論、③改革実践論（詳細は後述）に関する調査を実施してもらい、「主体的な現代イスラーム教育改革の地域的展開」を明らかにしてもらった。なぜ「主体的」なイスラーム教育改革を調査するかというと、先述の通り、イスラームの側にとり、情報メディアが発達した現在、宗教教育の役割はきわめて重要になってきているからである。多くのムスリム居住地域では、西洋出自の情報がネットなどのメディアを通じ子どもや若者を席巻、これを看過すればイスラームの教えが希薄化するため、各地で展開するイスラーム教育は、その土地をカバーする教育制度や社会に合わせて常に改革・改変を繰り返す必要に迫られる。つまり進展するグローバルシステムの中で、イスラーム教育自体も主体的に内容や方法を改革し、受容されやすく、伝わりやすい方法論を工夫しているのである。

　往々にして「改革」は政府の命令・通達系統を通じて「させられる」、つまり上から降ってくる場合が多いが、先述の通り、ごく狭い範囲でもイスラーム教育の多彩さが存在する以上、それら「主体性」の源泉が何かに着目し、研究する必要がある。そして、地域間比較を通じ、それら地域展開を基層的に理解、知見のネットワーキングを図り、通奏低音としてのイスラーム教育改革思想を浮き彫りにしていく。

　各執筆者においては、次の三点を現地調査の共通課題とし、地域間比較の

素材とした。

①アジア、アフリカ、欧州におけるムスリム居住地域で進行する社会・政
　治環境、情報環境、人間関係の変容を明らかにする。

②改革の素地となる世界各地のイスラーム教育制度（認可・無認可）の最新
　情報、改革の担い手、受け手、コミュニティ、政府、宗教権威等のアク
　ターを調査し、イスラーム教育改革を活写、「今日的イスラーム」の創
　出プロセスを浮き彫りにする。

③①と②の研究を国際比較研究し、地域のコンテキストに沿ったイスラー
　ム教育の地域展開の独自性、また共通性の中に見いだされるイスラーム
　的統一性について分析を行う。

上記の三点を通じて、ムスリムネスの地域性と共通性に迫っていきたい。さ
らには、ムスリムネスが地域間でいかに共鳴し合っているのかも明らかにし
ていきたい。

マドラサとは

　本書においてよく登場する言葉が「マドラサ」である。イスラーム教育を
施す場所として最も知られている場所であり、概念である。各国における研
究を読んでいただくにあたり、解説しておかなければならないだろう。

　イスラーム世界においてマドラサ（*madrasa*）という言葉が意味するものの定
義はかなり広く、もともとは、イスラーム諸学を学ぶための高等教育施設を
意味する。10 世紀ごろに、イランのホラーサーン地方で建設され始め、そ
の後、デリー・スルタン朝期のインド、14 世紀にはスペイン[1]でも建設され、
宗教教育施設としてのマドラサは世界的な広がりをみせている。現在でも、
世界中でマドラサという呼称のついた施設が建設され、そこではイスラーム
教育が施されている。そしてその対象とする範囲は非常に幅広く、就学前教
育の段階から大学院まで、また、農村部における寺子屋的な小規模なものか
ら、日本の大きな大学のキャンパスと比べても遜色ないほどの敷地をもつも

のまで存在する。

　こうした概念の幅広さに加え、世界各地におけるマドラサの範囲も多様である。イランや湾岸諸国では、主に高等法学院を意味するが、インドネシアやマレーシアでは、イスラーム教育に加え、一般科目を導入、学年制の採択や、椅子や机の使用など「近代的」な要素をもつものをマドラサ[2]と呼んでおり、ポンドック・プサントレンと呼ばれる伝統的な寄宿制イスラーム教育組織の中に設置されることが多い。また、バングラデシュでは、寄宿舎がある場合、その寄宿舎も含めてマドラサととらえる。また、バングラデシュでも、地域によってはマクタブ(*maktab*)とよばれる寺子屋式のイスラーム教育もマドラサと呼ぶ場合がある。ここでは、マクタブのような類のものは周辺的な取り扱いとし、基本的には、初等教育から高等教育までの、イスラーム教育あるいは一般教科をも施し得る教育課程を有し、課程修了後には、独自の、あるいは公的にアクレディットされた学位・修了証を授ける教育施設をマドラサという概念の中心に据えたい。

　このように、マドラサはイスラーム教育を行うのみならず、一般教科も教える「学校」の側面も持っている。詳細は後述するが、実際、子どもあるいは成人の学習者が学びの場として集う教育機関として機能していることがほとんどである。しかし、近年の南アジアにおけるマドラサをめぐる報道や言説をみた場合、必ずしも適切なイメージが形成されているとは言い難い。たとえば、パキスタンのマドラサがムジャーヒディーン(聖戦士)を養成し、ソ連侵攻下のアフガニスタンに送ったという事実や、2007年にムシャラフ大統領による教育改革[3]に反対し、イスラマバードの中心地にあるラール・モスジッドに立てこもり、政府軍によって制圧されるというような事件も起こっている。バングラデシュでも、2001年のイラク戦争以降、テロリストの潜伏先だとしてマドラサが批難を浴びたり、中東諸国からの出稼ぎ送金、イスラーム開発銀行などのODA、各種宗教団体からバングラデシュに流入する資金の一部がマドラサに流れ、アル・カーイダやターリバーンを支援する勢力育成に使われていると、米国のマスコミに報じられる事態も生じた[4]。むろん政府間では、事実関係が証明されていないという認識に落ち着いたも

のの、メディアに露出してきたマドラサのイメージは、「過激派の温床」といったようなネガティブなものであり、一般にとらえられているマドラサ像には、特にパキスタンをはじめとする南アジアのマドラサには、基礎的なマドラサ描写がなされないままに「過激分子」「テロリスト養成所」などのラベル付けがなされているようである[5]。

　マドラサをめぐる言説は、以上のように不穏当なイメージから抜け出せてはいない。しかし本書では、生活に根差したイスラーム教育を取り扱うことにより少しでもそうしたイメージを払しょくすることを目指す。

　執筆陣は、各国において長期のフィールド経験を有し、現地語、現地事情に通暁している。本書に収録された論文では、そうした経験、言葉を駆使して集められたフィールドデータからの分析がいかんなく開陳されている。幸運なことに、本書は、コロナ禍以前に現地調査ができたからこそ出版にこぎつけたものであり、貴重な現場の生の声を収めることに成功している。読者の皆様からはぜひ、ご批判を賜りたい。

日下部達哉

注

1　大塚和夫他（2002）『岩波イスラーム辞典』岩波書店、pp.921-922（森本一夫〔マドラサ〕）.

2　西野が明らかにしたところによると、インドネシア宗教省は、プサントレンの古い要素をできるだけ残し、入ってくる新しい要素を最小限にとどめているサラフィー（Salafi）と、発展の過程において、設置されているマドラサに一般教科を導入している、あるいはプサントレン内に一般学校を開設しているハラフィー（Khalafi）に分けている。詳細については本書第3章および下記を参照のこと。

　　西野節男・服部美奈編（2007）『変貌するインドネシア・イスラーム教育』東洋大学アジア文化研究所・アジア地域研究センター、pp.35-61.

3　パキスタンのムシャラフ元大統領は、マドラサへの統制を強め、一般教科を教える教育機関として改革を行った。

4　村山真弓（2003）「バングラデシュ　米国関与の長期化が『ジレンマ』を軽減」松井和久、中川雅彦編著『アジアが見たイラク戦争―ユニラテラリズムの衝撃と恐怖』

明石書店、pp.38-44.

5　日下部達哉 (2009)「バングラデシュ農村のマドラサ」『イスラーム地域研究ジャーナル』Vol.1、早稲田大学イスラーム地域研究機構、pp.23-34.

目次／イスラーム教育改革の国際比較

用語解説

【全体】

イスラーム復興運動　Islamic Renaissance Movement　19世紀後半から始まった、イスラームの自己を再構築し自立性を取り返そうとする社会的・思想的潮流。イスラーム的システムを回復することが基本目標とされるが、何をどのように回復しようとするかについては、非常に多くの考え方があり、運動のスタイルも多様である。

イマーム　imām　イスラームの宗教指導者。クルアーンでは文脈に応じて、指導者、模範、原簿などの意で用いられるが、通常はムスリムの集団を束ねるものをイマームと呼ぶ。

ウラマー　'ulamā'　イスラーム諸学を修めた知識人。本書では多くが、指導的な立場にあるマドラサなどの宗教教育機関で、生徒の教育に携わりながら、後述するファトワーなどの判断をするような仕事に従事するウラマーを指す場合が多い。

ウンマ　'ummah　共同体、とくに宗教に立脚した共同体。現代アラビア語では、民族共同体も指す。

サラフィー　Salafī　後代の逸脱（ドビア）を排して、イスラーム初期世代（サラフ）における原則や精神への回帰をめざす思想潮流。19世紀以降のイスラーム復興運動の主流をなす。

シャリーア　Shari'a　イスラーム法。クルアーンや初期の用法では、神の教えに基づく法として信仰箇条も行為規範も含まれていたが、やがて神学と法学が分化すると、シャリーアは法学が扱う分野を指すようになった。

スンナ　Sunnah　慣行、慣習。一般に正しい伝統、ムスリムの守るべき正しい基準を意味する。

ダアワ　da'wah　イスラームへの呼びかけ、布教。

ハディース　al-ḥadīth　預言者ムハンマドの言行を記録したもの。

ファトワー　fatwā　法学者が一般信徒の質問に対して、口頭または書面で提示する法学的な回答。法学裁定。ファトワーを出す者をムフティーという。

マクタブ　maktab　クルアーンを中心に、読み書きや、ときに計算なども教授した初等教育施設。マクタブ・ハーネ、クッターブなどとも呼ばれる。

マドラサ　madrasa　おもにイスラーム諸学を対象とする寄宿制の高等教育施設。序文にて詳述。

【1章】

ウドゥー　al-wuḍū'　礼拝のために行われる一連の浄めの動作であり、礼拝を有効とする条件。UAEの「イスラーム教育」科目では第一学年で学ぶ。

カターティーブ　katatib　UAE建国以前において、より高い社会階層の人々にイスラーム教育を行った機関。ムタワと異なり、物理的な場所があり、現在の学校により近い形態。

　タジュウィード　**tajwīd**　クルアーンを読誦するための音声の心得であり、音声器官、子音、母音、息継ぎ、速度などの項目が含まれる。

　ドゥアー　**al-duʿāʾ**　個人的な祈り。時間、回数、所作、言葉などがほぼ定められた「礼拝」とは異なり、方法などはある程度個人に委ねられる。UAE の「イスラーム教育」科目では第一学年で学び、寝室での作法が取り上げられている。

　ムタワ　**muṭawwi**　クルアーンの読み書きにおいて人々を支援する責任を負う、村で最も聡明な人物のこと。UAE 建国以前における人々への教育に貢献。

【2章】

　アリア（マドラサ）　**alia**　バングラデシュでは、政府の定める教育制度下にあるマドラサをアリア・マドラサと呼んでいる。

　コウミ（マドラサ）　**qawmi**　バングラデシュでは、政府の定める教育制度下にない、独自のシステムを有するマドラサをコウミ・マドラサと呼んでいる。

　ダウラ・ハディス　**Dawra-e-Hadith**　本書では、コウミ・マドラサ 12 年の課程を修了した者に与えられる学位として取り扱っている。

　デーオバンド　**Deobandi**　南アジアでもっとも有力なスンナ派ウラマーの系統で、ハナフィー学派の教義に従う。デーオバンド学院を本拠として、19 世紀末以降、南アジアにおけるイスラーム改革運動を先導してきた。

　ナマジ　**namāz**　ペルシア語における礼拝の意。

　ヌラニシッカ　**nurani shikkha**　バングラデシュにおける初歩的なイスラーム教育。

　ハタザリ・マドラサ　**Hathazari madrasa**　現在のバングラデシュ（当時はインド、ベンガル管区）に、1896 年に建てられた大規模なデーオバンド系学院。現在のバングラデシュでは、最初にして最大のコウミ・マドラサとして知名度が高い。

　ハフェズ　**hafez**　アラビア語では「ハーフィズ（hāfiz）」、保持者や護持者の意味がある。ここではクルアーンをすべて暗誦している者につける敬称として用いている。バングラデシュでは、マドラサにあるハフェズコースを修了した生徒をそうみなしている。

　フズール　**khidr**　ベンガル語で「閣下」という意味がある。バングラデシュのマドラサ教師は、生徒にフズールと呼ばれることも多い。

　マオラナ　**Maulana**　イスラーム知識人への尊称。主にペルシア文化圏で用いられた。

　ワハービー／ワハーブ運動　**Wahhābiyyah**　18 世紀のアラビア半島でハンバル学派の法学者ムハンマド・イブン・アブドゥルワッハーブの唱えた急進的イスラーム改革思想（ワッハーブ主義）を、同地の豪族サウード家が軍事的に支援し、その普及を試みた宗教・政治運動。

【3章】

　キタブ・クニン　**kitab kuning**　ウラマーによって著された宗教書・宗教注釈書。マレー世界で使用される宗教注釈書のなかにはアラビア語のほか、アラビア文字表記マレー語・ジャワ語で書かれているものもある。

　キヤイ　**Kyai**　ジャワで、宗教指導者に対する尊称。イスラームの学識者であると同時に、プサントレンを主宰する宗教教師に対して用いられる。とりわけ農村における精

神的指導者としてのキヤイの影響力は大きく、住民は宗教のみならず、日常のあらゆる問題でキヤイの助言を求めることが多い。宗教的学識とカリスマ性を有する。

サントリ　Santri　インドネシアとくにジャワ島で、狭義には宗教学校プサントレンの生徒、学習者を指し、広義には敬虔なムスリムを意味する語。

ハラフィー　khalafī　プサントレンを分類する際にプサントレン・サラフィーと対で用いられる。近代的な要素を取り入れた新しいタイプのプサントレンはプサントレン・ハラフィーと分類される。

パンチャシラ　Pancasila　インドネシアの建国五原則。第一原則は唯一神への信仰、第二原則は公平で文化的な人道主義、第三原則はインドネシアの統一、第四原則は協議と代議制において英知によって導かれる民主主義、第五原則はすべてのインドネシア国民に対する社会正義である。

プサントレン　Pesantren　インドネシアにある寄宿制の伝統的イスラーム教育機関。サントリ(生徒)から派生した語で、"サントリのいる所"を意味する。宗教的学識とカリスマ性をもつキヤイが主宰し、サントリとよばれる学習者が寄宿しながらアラビア語や、アラビア語やアラビア文字表記マレー語・ジャワ語などで書かれた宗教注釈書を学ぶ伝統的なイスラーム教育機関。時代の変化に適応しつつ拡大している。

ポンドック・ダルッサラーム・ゴントル(ゴントル)　Pondok Modern Darussalam Gontor　インドネシア東ジャワのポノロゴという町に、3人のキヤイによって1926年に設立されたプサントレン。設立当初から近代的な要素を取り入れた革新的な教育を行い、現在インドネシアを代表するプサントレンとして成長している。

マアハド・アリー　Maʼhad ʻAly　プサントレンに設置されたイスラーム高等教育機関。独自性が強く、強みとするイスラーム諸学の専門性にもとづき、アラビア語やアラビア文字表記マレー語・ジャワ語で書かれた宗教注釈書を用いた専門性の高い宗教教育が行われる。

ムハマディヤ　Muhammadiyah　インドネシアの改革派イスラーム団体。"ムハンマドに従う人々"を意味する。1912年ジョクジャカルタで、アフマド・ダフラン(1868-1923)が設立。改革運動は"クルアーンとスンナへ戻れ"を標語に、"アマル・マアルフ・ナヒ・ムンカル(善を勧め悪を排する)"を目標とした。設立後まもなくジャワ島やジャワ島以外の地域にも拡大し、学校設立や福祉慈善活動を展開した。

【4章】

ウズベキスタン国際イスラームアカデミー　O‘zbekiston xalqaro islom akademiyasi (International Islamic Academy of Uzbekistan)　2018年4月16日付のウズベキスタン共和国大統領令により、タシュケントイスラーム大学及びウズベキスタンイスラームアカデミーに基づき設立された高等教育機関。

タシュケントイスラーム研究所　Imom Buxoriy nomidagi Toshkent islom institut　イマームブハリにちなんで名づけられ、1971年に設立された高等教育機関。宗教の歴史と理論、イスラームの基礎、アラビア語についての深い知識を持つ専門家を養成する。

中等特別イスラーム学校　o‘rta maxsus islom bilim yurti　一般中等学校と異なり、イスラームの専門教育を行い、イスラーム聖職者を養成する教育機関。

　マハッラ　**mahalla**　街区を意味するアラビア語起源の単語。おもにトルコ語圏、ペルシア語圏で用いられた。

　ムスリム宗務局　**Oʻzbekiston musulmonlari idorasi**　ムスリムの管理、統制のため、ロシア帝政期に設立された公的組織。現在も中央ユーラシア各地で機能しており、ウズベキスタンではムスリムの宗教問題の管理、モスクへのイマームの任命、イスラーム聖職者の養成・訓練などを管轄している。

【5章】

　サダカ　**Sadaqah**　自発的喜捨。財の喜捨ばかりではなく、より広い意味で慈善行為一般を指す。

　マラブー　**Marabout**　マグリブおよび西アフリカのムスリム聖者を指す語。

　ライシテ　**laïcité**　フランスにおける政教分離原則のこと。

【6章】

　クッターブ　**kuttāb**　子どもにクルアーンの読誦やアラビア文字の読み書きを教える施設を指す。モロッコにおいては、6章で述べた宗教省が管轄する公的な就学前教育機関だけでなく、モスクや非政府組織、市民団体、個人の家などで子どもたちが休暇中や放課後、週末を利用して学ぶノンフォーマル教育を指す場合もある。

　フキー　**fqī**　正則アラビア語ファキーフ（faqih）のアラビア語モロッコ方言。ファキーフは、イスラーム法学者を意味するが、モロッコにおいてフキーは、イスラーム法学者の他に、モスクやクッターブで子どもたちにクルアーンの読誦やアラビア語を教える教師のことも指す。6章では、後者の意で使用している。

　マーリク法学派　**al-Mālikīya**　スンナ派の四大法学派のうちの一つで、マーリク・イブン・アナスが唱えた学説が彼の名をとってマーリク法学派として継承されている。法学派の違いは、法解釈にある。現在、マーリク法学派は、エジプトを除く北アフリカ、西アフリカ地域にその勢力を持っている。

【7章】

　イスラーム教員養成推進協会（lʼIPFI）　**lʼInstitut de promotion des formations sur lʼislam**　ベルギーのフランス語共同体において、当時の高等教育大臣が指名した専門家会議の提案を受けて2017年に設立された機関。フランス語共同体の高等教育機関においてイスラームの知識伝達や研修の機会を推進することを目的としている。lʼIPFIの執行委員会のメンバーは、フランス語共同体首相および高等教育大臣のほか、EMBの代表などによって構成されている。

　フランデレン・イスラーム教育センター　**Centrum Islamonderwijs Vlaanderen**　ベルギーのフランデレン共同体において、イスラーム教育カリキュラムの発展を目的として設立された機関。任命された4名のイスラーム教育監査官を中心として、イスラーム教育の目的・カリキュラムの見直し・改訂や教材開発が行われている。

　ベルギー・イスラーム文化センター（CIC）　**Centre Islamic et Culturel de Belgique**　第二次世界大戦後、いち早くベルギーで活動を開始したイスラーム組織。サウジアラ

ビア政府の支援を受けて 1978 年に開設された大モスクを擁していた。1970 年代から 1980 年代末までは、公立学校に導入されたイスラーム教育にかかわる任務も代行していた。2010 年代後半以降、過激派とのつながりが指摘され、運営上の問題から同センターは 2021 年に解散した。

ベルギー・ムスリム評議会（EMB）　l'Exécutif des Musulmans de Belgique　1999 年に設立されたベルギーの公的なイスラーム代表組織。現在は教育部門、モスク部門、イマーム部門、社会サービス部門に分かれており、政府との交渉やメディア広報の窓口としても機能している。モスクを単位として選出されたベルギー・ムスリム総会（l'Assemblée générale des Musulmans de Belgique: AG）が EMB のメンバー 17 名を任命する責任を有している。

イスラーム教育改革の国際比較

1章
アラブ首長国連邦における「イスラーム教育」科目改革に関する考察——「道徳教育」との関係性を手掛かりに——

中島悠介

はじめに

アラブ首長国連邦（United Arab Emirates、以下、UAE と表記）は中東地域のペルシア湾岸沿いに位置しており、イスラームを国教とする連邦制国家である。首都のアブダビ市が位置するアブダビ首長国をはじめ、ドバイ首長国、シャルジャ首長国、ラアス・アル＝ハイマ首長国、ウンム・アル＝カイワン首長国、アジュマン首長国、フジャイラ首長国から構成される（以下では「首長国」の表記を省略する）。また、UAE は産油国でもあり、原油をはじめとした天然資源が豊富に埋蔵されているが、その原油採掘量のほとんどはアブダビで採掘されており、そうした資源開発から得た収益の一部は拠出金として連邦政府へ提供されている。

このような「イスラーム」や「連邦制」「産油国」といった社会的特徴を備えている UAE だが、これらに加え、全人口約 963 万人（2018 年）のうち、国民の割合が約 10％ 程度しか占めないという「国民マイノリティ国家」という特徴を持っている。外国人の国籍の割合は、多い順にインド人 19％、パキスタン人 11％、フィリピン人 7％ と続くが、UAE 人の割合は 11％ 程度と言われている[1]。そのため UAE の公用語はアラビア語であるが、英語も広く通じる社会となっている。また、国民に対して石油資源により得られた収益を、公務員としての高給与や教育・医療費の無償制として還元していることに加え、一人当たり国民総所得（GNI: PPP）は 70,430 国際ドル（2019 年）であり、世界最高水準を維持している。

このように、UAE ではイスラームを国教としながらも極端に国際化が進行しているが、こうした社会における価値形成に関わる教育はどのように行われ、どのような改革の状況を示しているのだろうか。イスラームを国教とする国々では、学校教育の中でイスラーム教育が提供される中で、道徳的な価値観もあわせて涵養されるのが一般的である。実際に、UAE の学校のカリキュラムにおいてはイスラーム教育が科目として必修とされており、その中で個人の価値観や、社会において身に付けておくことが期待される素養も形成されている。また、日々社会が変化していく中で、こうした価値形成を実現するための教育も絶えず見直され、改革・変更が加えられている状況がある。

UAE におけるイスラーム教育に関する近年の動向を述べると、2012 年より、他の信仰を持つ人々を尊重し、関わりあうことに焦点を当てた新しいイスラーム教育のカリキュラムが公立学校に導入されることになった。その中で、連邦教育省は「ナショナル・アイデンティティ」と「コミュニティ統合」に焦点を当てた、イスラームとアラビア語の新しい教科書と教材を作成している。そして、それらの変更はアラビア語とイスラーム教育の一部のシラバスで行われたが、「イスラームの主要な教義の 1 つに『寛容』と『統合』があり、こうしたものは各授業で強めていかなければならない」という意図も示された (シェイハ・フルード・アル＝カシーミー連邦教育省カリキュラム局ディレクター)[2]。一方で、ハサン・タイラブ UAE 大学准教授は「不幸にも、これまでは『寛容』や『公平』、『尊敬』を教えるような、規定されたカリキュラムはなかった。それゆえ、イスラームは人間の価値観を発展させる、より広い展望に焦点を当てる方法で教えられるべきである」と述べており[3]、イスラーム教育を通した価値教育の実施には当時から課題があったことが看取できる。こうした状況に対し、2016/17 年度に、UAE の学校において新たなイスラーム教育のカリキュラムが導入されることが連邦教育省より発表された。新しいカリキュラムでは、引き続き「寛容」と「穏やかな宗教的教育」に焦点が当てられることになっている[4]。

このように、イスラーム教育のあり方が日々議論される中で、UAE の価値

教育の文脈において、もう一つ重要な変更が加えられている。それは、2017年9月より、すべての公立・私立学校において、「道徳教育（Moral Education: al-Tarbīyah al-Akhlāqīyah）」が正規科目として導入されることが発表されたことである。そして、「道徳教育」の導入後も、「イスラーム教育」が科目として残される点で、道徳教育と宗教教育がカリキュラムにおいて併存している状況が見られる。

　以上より、UAE の学校では「イスラーム教育」と「道徳教育」の両立が求められると言えるが、従来は「イスラーム教育」において道徳的な資質が涵養されてきた中で、どのような関係の下で「イスラーム教育」と「道徳教育」の教育改革が進められようとしているのだろうか。以上の問題関心から、本章では、UAE における「イスラーム教育」と「道徳教育」の科目の両方に焦点を当て、どのように関わり合いこれらの科目の教育改革が進められているのか考察することを目的とする。この目的のため、第1節で UAE における教育制度の展開を概観したうえで、第2節で「イスラーム教育」の展開及びカリキュラム、教科書に関する記述を検討する。そして、第3節では「道徳教育」に関する展開、カリキュラム、教科書に関する記述を検討し、第4節では連邦教育省カリキュラム局において実施したインタビュー調査に基づき、「イスラーム教育」と「道徳教育」において期待されている役割と関係性を考察する[5]。

　なお、本章は「イスラーム教育」と「道徳教育」の関係性を考察する際、具体的なテーマとして「正直さ（Honesty: Amāna）」に焦点を当てたい[6]。このテーマは、いずれの科目でも共通して独立したテーマとして設定されていることに加え、低学年に配置されており比較的内容が絞られていることから、検討に適していると考えた。また、多くの場合、宗教教育の中でも道徳的事項を扱うことや、その逆の状況もあることを考慮し、本章では基本的に、科目としてのイスラーム教育及び道徳教育を括弧付きで記載している。

1. UAE における教育制度の歴史的展開

UAE は 1971 年の英国からの独立以降、石油資源の開発により急速に発展した国であるため、それほど長い歴史を持つわけではない。しかし、アル＝ヘブシ他 (Alhebsi et al. 2015) によれば、UAE 独立以前の時期も含め、教育制度の歴史的展開について、以下の①ムタワ及びカターティーブによる教育、②教育サークルによる教育、③半組織的教育、④近代教育制度、という4つの種類に大別できるという[7]。

1.1 UAE 建国以前から建国以後まで

①ムタワ及びカターティーブによる教育

ムタワはモスクの礼拝を指揮する導師で、イマームとも呼ばれる。ムタワは、少年・少女にクルアーンの読み方や預言者ムハンマドのハディースといったイスラームの基礎的な知識のほか、イスラームの道徳的な教義も教えていた。また、読み書きや算数も教えており、主にムタワが述べる言葉を子ども達に反復させる授業を行っていた。ムタワは通常、その村や地域において最も知識を持つ人物とみなされており、争いが起こった際の判断を担ったり、結婚式を司ったりもしていた。

ムタワは基本的に、自宅やモスクで生徒を教えていたが、カターティーブはより豊かなコミュニティが組織した学校のような場所であり、クルアーン、イスラームの教え、読み書き及び基礎的な算数を子どもたちに教えていた。カターティーブは、教員やその他のリソースがあったという意味で現代の小学校に類似した組織で、1971 年の UAE の独立までは、カターティーブは沿岸地域や商業が発展した場所に設立されていた。

②教育サークルによる教育

教育サークルは、伝統的な教師／生徒のモデルに類似したものであり、講義を通して生徒集団に対して知識を伝達していた。ここでは、卓越した宗教学者が教育サークルを組織し、イスラームの知識や言語、他の関連科目を教

えていた。また、これらの学者は地域の王族や裕福な出資者により、サウジアラビアから直接的に招致されていた。学者はムタワと同様、クルアーンやスンナ（預言者ムハンマドの言行・範例）といったイスラームに関する内容とともに、読み書きや算数を教えていたが、地域のムタワよりも高度な内容が教えられていたという。こうした教育サークルが多く発展した地域として、ラアス・アル＝ハイマに位置するジュフールが挙げられる[8]。

③半組織的教育

半組織的教育は 1907 年頃から 1953 年まで行われた教育様式とされる。この時期、クルアーンとスンナの教育に重きを置いた学校がアラビア半島全体に普及されることとなった。これらの地域学校の初期の代表として、1907 年にシャルジャ首長により設立されたアタイミア・アル＝マハムディア学校があり、首長は同校に資金を供給し、民衆のために無料の教育サービスを提供していた。その後、シャルジャ首長は学校の運営をサウジアラビア出身のシェイク・アブドゥルカリーム・アル＝バクリーに委託し、彼のリーダーシップのもとで同校はエジプトのカリキュラムの一部を採用したことに加え、クルアーンやスンナ、読み書き算数、ビジネス、社会科を教える初等学校と、シャリーアの学習を行う学校の 2 種類に分けられて授業を展開した。こうした半組織的な学校の例としては、1903 年にアブダビに設置されたイブン・ハラーフ学校、1910 年にドバイに設置されたアル＝アハムディア学校、1930 年にシャルジャに設置されたアル＝イスラー学校などが挙げられ、各首長国でも普及が進むこととなった[9]。

④近代教育制度

最初の組織された近代的な学校は、1930 年にシャルジャに設立されたアル＝カシミア学校とされる。1953 年、同校はクウェートのカリキュラムを採用し、クウェートの教科書、教材及び教師が活用された。その翌年には、女性のための最初の学校が同じ学校名で開校された。アル＝カシミア学校の分校は 1955 年にラアス・アル＝ハイマに、1956 年にドバイにも設立され、

これらの学校はクウェート政府の監督下で運営されていた。最初の教材がクウェート特有のものであったため、各首長国は、地域特有の教材の開発を開始した。クウェートのモデルは、初等学校 6 年、準備学校 3 年、中等学校 3 年の 3 段階の教育課程から構成され、中等学校卒業の証明試験も、1967 年まではクウェートで行われた[10]。

　1971 年の UAE 建国後も、それまでと同じくクウェートで開発されたシラバスを使用していたが、1977 年に最初のカリキュラム改革が実施され、初等教育と中等教育の国家カリキュラムが作成された。その後の 1983 年に、湾岸アラブ諸国（オマーン、クウェート、バーレーン、カタール、サウジアラビア）の算数及び理科について、1 から 9 年生の統一したカリキュラムが採用されたが、このカリキュラムについては 1988 年に評価が行われ、その報告書がその後のカリキュラム改革の基礎となった。さらに、UAE では 1992 年より、社会の変化をカリキュラムに反映させるための 3 フェーズにわたる大きな改革が開始された[11]。

1.2　近年の教育制度改革

　UAE における現在の教育制度は、前項の近代教育に続いて形成されてきたものであり、他の様式は公教育の枠組みの中に組み込まれる形で発展してきた。そして、こうした学校制度も近年は重要な改革が実施され続けている。まず、学制は基本的に単線型であり、幼稚園から第 12 学年までの一貫した制度になっているが、各学校段階の年限は頻繁に変更が加えられている。2000 年以前は連邦全体としては基本的に 6・3・3・4 制とされていたが、2000/2001 年度以降は、第 1 学年から第 5 学年までを第 1 サイクル（初等教育に相当、6 歳で入学）、第 6 学年から第 9 学年までを第 2 サイクル（前期中等教育に相当）とし、この 9 年間が義務教育とされた[12]。また、第 3 サイクル（後期中等教育に相当）は 15 歳から 17 歳までの 3 年間とされ、1 年間の共通科目を履修したのち、2 年目以降は文系か理系のコースを選択していた。そして 2018/19 年度には、連邦教育省が連邦全体の公立学校を対象に、学校段階について新たな変更を加えている。サイクル 1（基礎レベル：

Basic) は初等教育に相当し、第 1 学年から第 4 学年となった。また、サイクル 2（中間レベル：Intermediate）には第 5 学年から第 8 学年が対応し、そしてサイクル 3（中等レベル：Secondary）として第 9 学年から第 12 学年までが設定された。これらの段階を修了すると高等学校の修了証が授与され、それにより 12 年間の義務教育を終えたことが示されることとなった[13]。

　表 1-1・1-2 は、連邦教育省のカリキュラムを採用する UAE の私立学校における、第 1 学年から第 12 学年までの科目と 1 週間あたりの時間配分の事例を示している（2020 年時点）。小学校 1・2 学年の段階ではアラビア語に最も多く時間が割り当てられているが、学年が上がるにつれて時間数は減少し、第 5 学年以降は 1 週間あたり 5 時間で一定している。それに対し、数学は第 3 学年から 8 時間が割り当てられ、第 9 学年以降も最も多くの時間が割り当てられる科目となっている。なお、第 9 学年以降は一般ストリームと先端ストリーム（理系特進クラス）で分けられており、主に理科に関する科目（化学や物理、生物）に割り当てられる時間が異なっている。「イスラーム教育」については、第 1 学年から第 8 学年までは週 3 時間、第 9 学年から第 12 学年に

表 1-1　Al Shorouq Private School における第 1 学年〜第 8 学年の科目と時間配分

	1 学年	2 学年	3 学年	4 学年	5 学年	6 学年	7 学年	8 学年
アラビア語	8	8	6	6	5	5	5	5
イスラーム	3	3	3	3	3	3	3	3
社会	2	2	2	2	2	2	2	2
道徳	1	1	1	1	1	1	1	1
英語	5	5	5	5	5	5	5	5
講読	1	1	1	1	1	1	1	1
数学	7	7	8	8	8	8	8	8
科学	4	4	4	4	6	6	6	6
デザイン技術	2	2	3	3	3	3	3	3
体育	3	3	3	3	2	2	2	2
美術	1	1	1	1	1	2	2	2
音楽	1	1	1	1	1	0	0	0
計	38	38	38	38	38	38	38	38

出典：Al Shorouq Private School. "Classes Timetable." https://shoruq.sch.ae/show_cat/classes_timetable/1（2020 年 3 月 10 日取得）より筆者作成。なお、科目は時間割表の表記にあわせている。

表 1-2　Al Shorouq Private School における第 9 学年～第 12 学年の科目と時間配分

ストリーム	9 学年		10 学年		11 学年		12 学年	
	一般	先端	一般	先端	一般	先端	一般	先端
アラビア語	5	5	5	5	5	5	5	5
イスラーム	2	2	2	2	2	2	2	2
社会	2	2	2	2	2	2	2	2
英語	5	5	5	5	5	5	5	5
講読	1	1	1	1	1	1	1	1
数学	8	8	8	8	8	8	8	8
科学	6							
物理		5	3	5	3	5	3	5
生物		4	3			3	3	
化学				4	3			3
コンピュータ	3	3	3					
デザイン技術				3				
ビジネス	3		3					
イノベーション					3	2	3	2
体育	2	2	2	2	2	2	2	2
健康科学					3	3	3	3
芸術	1	1	1	1	1		1	
計	38	38	38	38	38	38	38	38

出典：Al Shorouq Private School. "Classes Timetable." https://shorouq.sch.ae/show_cat/classes_timetable/1 （2020 年 3 月 10 日取得）より筆者作成。なお、科目は時間割表の表記にあわせている。

は週 2 時間が割り当てられており、学年が上がるにつれて授業時間が減少しているものの、一定時間は確保されている。また、「道徳教育」については第 1 学年から第 8 学年までは週 1 時間が割り当てられているが、第 9 学年以降には授業が設定されていない。この状況については第 3 節で詳述する。

2.　UAE における「イスラーム教育」科目の展開と「正直さ」の取り扱い

　本節では、UAE における「イスラーム教育」の展開について検討する。第 1 項で UAE における「イスラーム教育」の概要を記し、第 2 項でカリキュラム及び教科書の構成を手掛かりに「イスラーム教育」の全体像を検討する。そして第 3 項で、「イスラーム教育」で取り上げられる「正直さ (Honesty: Amāna)」を

事例として、どのような取り組みを通してこの資質が育成されようとしているのかを検討する。

2.1　UAEにおける「イスラーム教育」科目の概要

　公立学校では、連邦教育省が、連邦全体で共通するカリキュラムや教科書等を規定しており、その中では、「アラビア語」、「イスラーム教育」、「UAE社会科」、「道徳教育」が必修となっている。一方で、私立学校については、首長国ごとに対応が異なっており、例えば、ドバイでは私立学校について独自に規制している。UAEでは、米国や英国、インドや日本、インターナショナル・スクールを含めて、多様なカリキュラムを提供する私立学校が多く展開しており、こうした多様性がUAEの教育の一つの特徴となっている。しかし、私立学校がUAE人を就学させる場合、アラビア語教育とイスラーム教育を提供することが求められる。例えば、「ドバイ執行評議会決定（2017年第2号）」の第18条の中のドバイ首長国における私立学校の運営の規則に関して、2018/19年度にドバイで展開する私立学校に対し、「イスラーム教育」、「アラビア語」、「UAE社会科」、「道徳教育」の科目のための時間の割り当てが示されることとなった[14]。また、特にドバイの私立学校における「イスラーム教育」の科目の提供については、「すべてのムスリム生徒（アラブ人・非アラブ人）は、UAEのカリキュラム・スタンダードに従い、教育省が作成したイスラーム教育の教科書を使用しなければならない」とされていることから、他の教科書を使用することは厳密に禁止されている。一方、幼児期におけるイスラーム教育の提供は、義務ではないが推奨されており、その場合は、該当する教育段階におけるイスラーム教育のための連邦教育省のカリキュラム内容、水準、期待に従うことが望ましいとされる[15]。

　このように、「イスラーム教育」はUAEにおけるすべてのムスリムに対して必修の科目となっているが、2017/18年度より大きくそのあり方を変えることとなった。特に、イスラーム教育に関するカリキュラム及び教科書は連邦教育省が作成しているが、アラビア語習得に課題がある子どもに対しては、民間の出版社であるIslamic Service Foundation発行の「I Love Islam」と題され

た教科書によって授業が行われていた。そうした状況に対し、2017/18年度からは、アラビア語習得に課題のある生徒用に、UAEのカリキュラムに基づいた通常の「イスラーム教育」の教科書の英語版を発行し[16]、UAEのすべての公立・私立学校がそれを入手できるようにしている[17]。学校によっては、アラビア語母語話者の生徒とアラビア語を追加言語として学ぶ生徒を分けて授業を実施している場合がある。また、他の科目のように生徒の年齢や学年に基づくのではなく、生徒の国籍や、アラビア語を学んできた年数・習熟度でクラスを分けることもある[18]。

2.2 「イスラーム教育」の全体像

　新しいイスラーム教育のカリキュラム編成チームによれば、2017/18年度よりイスラーム教育の教科書が一新されたことで、生徒の知識を向上させ、認識を高め、さらには生徒の道徳性を評価するのに資するものとされた。また、使用される教科書については、ユニットベースのアプローチが採用され、各ユニットは様々なテーマに関連する「レッスン」によって構成されている。レッスンの種類としては、①神に関する事項(クルアーンの知識や読誦、ハディースに関するテーマ)、②イスラームの信条(アッラーや天使、書物、預言者等への信仰の基盤に関するテーマ)、③イスラームの価値観及び道徳的指導(イスラームの価値観や道徳性、マナー、エチケットに関するテーマ)、④イスラームの規則と目的(信仰の行動や儀式、法的な知識、取引や契約に関するテーマ)、⑤預言者の伝記(預言者ムハンマドの人生や伝記、また、それらから得られる教訓に関するテーマ)、⑥イスラームに関連する人物(イスラームやムスリムの社会に影響を及ぼした人物に関するテーマ)、⑦国家的アイデンティティと現代的課題(自身のアイデンティティや祖国への誇り、社会的な動向や課題に関するテーマ)、という7種類が挙げられる。教科書はUAEのイスラーム教育のカリキュラム・スタンダードに従って作成されており、包括的な内容を組み込むとともに、各レッスンの最初に達成するべき学習成果が記述されている。生徒の活動自体は、主に以下の3つに焦点を当てられている。第1に、すべての生徒に対する一般的な活動、第2に、優秀な生徒に対する拡充的な活動、第3に、応用的な

活動となっている[19]。

　教科書自体は、生徒にとって必要なイスラームの知識や概念を提供することにより、宗教的な知識と教育的活動のバランスを重視すると同時に、クラスでの学習活動を通して知識を広げる機会を提供することを目指すとされている。加えて、「イスラーム教育」の教科書の序文には、「この教科書はUAE人生徒の性質を実現し、自身の祖国に対する誇りや帰属意識を強め、過激主義やテロリズムの概念から生徒を守り、思考のための技術を発展させ、持続的な発展のための要件を追求することを目的としている」、「この教科書は、生徒が獲得する必要がある宗教的な知識や概念に焦点を当てているが、イスラームの教えに従って、それらを現在の生活に結びつけるものである。そしてそれらは、穏健、バランス、寛容、愛、平和、包摂、調和、人間の尊厳、暴力や憎悪の放棄、積極性、個々及び集団的な責任といった概念を基盤としている」と記述されている[20]。このほかにも、序文には、学修者の批判的思考、創造的・革新的思考、実生活における問題解決、正しい決定を行う力といった、学修者が実際に生きていくために必要とされる力の育成を目指していることが明記されている。

　実際の教科書では、各学年に6つのユニットが配置され、各ユニットで4～6個のレッスンが割り当てられている。表1-3は、それらの中から第1学年、第6学年、第12学年のユニットを一部抜粋したものであるが、カリキュラムにおけるユニットの構成は、学年段階が上がるにつれて変化が見られる。基本的にはクルアーンやハディースの内容を取り扱う「神に関する事項」が各ユニットにおいて中心となっているが、第1学年はクルアーンについて短い章（スーラ）が扱われており、ウドゥーやドゥアーといった信仰に関わる行動を身に付けることが中心となっている。また、正直さや寛容、エチケットといった基本概念的な内容や、イスラームに関わる人物についての内容が周辺的に配置されている。

　第6学年以降には、クルアーンやハディースに関する内容が中心になっているのは変わらないが、読誦の際のルールであるタジュウィードの内容が増えているのに加え、クルアーンについても、サジュダ章や大権章、ヤースィー

表1-3　第1学年、第6学年、第12学年におけるユニット内のテーマ構成

第1学年：ユニット2

	レッスン	テーマ
1	アッラー、慈愛あまねき者	イスラームの信仰
2	黎明章	神聖なるクルアーン
3	ベッドでのお祈り（ドゥアー）	高貴なるハディース
4	アブー・フライラ	伝記
5	ウドゥー（小浄）	イスラームのルール
6	動物への慈愛	高貴なるハディース

第6学年：ユニット2

	レッスン	テーマ
1	信仰者の質と恩恵（サジュダ章：13-22）	神聖なるクルアーン
2	無母音のヌーンとタンウィーンのルール： 1) 喉頭の発音のルール	神聖なるクルアーン
3	あなたの魂の清算	高貴なるハディース
4	モスクのマナー	イスラームの価値観及びマナー
5	聖遷後のマディーナでの生活	伝記
6	忘れた際の跪拝と読誦の際の跪拝	イスラームのルール

第12学年：ユニット1

	レッスン	テーマ
1	道徳的犯罪から社会を守ること（光章：1-10節）	神聖なるクルアーン
2	解釈に関する方法	神聖なるクルアーン
3	過激主義	イスラームの信仰
4	配偶者の離婚	イスラームのルール
5	アッラーの預言者と社会生活	伝記

出典：UAE Ministry of Education. *Islamic Education Grade 1, Grade 6, Grade 10.* 2017 より筆者作成。また、表記
及び配置は Wizārat al-Tarbiyat wa al-Taʿlīm. "Ajzāʾ wa Waḥdāt wa Durūs al-Tarbiyah al-Islāmīyah." 2018, pp.1-
19 も参照した。各レッスンのテーマは教科書における記載に従っている。

ン章といった少し長めの章が分割されて配置されている。また、イスラーム
の考え方について、より抽象的なテーマが扱われている。そして、第10学
年以降になると、引き続きクルアーンに関する学習が中心となっているが、
イスラーム法学をはじめ、イスラームの決まりに関する学習がより高度にな
ることに加え、離婚、売買、金融など社会生活における具体的なケースも想
定されている。また、過激主義やグローバリゼーション、イスラーム経済、

社会的ネットワークなど、社会との関わりに焦点を当てた内容も見られる。

2.3 「イスラーム教育」における「正直さ」の取り扱い──2017/18年度第2学年 教科書を事例として

「イスラーム教育」においては、「正直さ」は第2学年ユニット3、レッスン5に配置されており、カリキュラムでは「イスラームの価値観 (Values of Islam)」のテーマに位置づけられている。基本的な内容構成は①関連する文字の色塗り、②「正直さ」に関連する物語、③特定の用語に関するコメント、④特定の状況に対する「正直」「不正直」の判断、⑤特定の状況に対する行動や解決策に関する話し合い、⑥歌、⑦「正直さ」に関する概念の整理、⑧「正直さ」に関連するクルアーンの読誦の練習、⑨個人の演習（特定の状況に対する正直・不正直な行動の確認）、⑩「正直さ」に関する短い物語を調べて発表、⑪自己評価チェック、となっている。まず、本単元の目標について「正直さの概念を明らかにすること」、「正直さの重要性と、信用を壊すことによる個人及び社会に対する損害を示すこと」、「正直者に対する見返りと、信用を悪用する者に対する罰を説明すること」、が挙げられている。

全体を俯瞰して見れば、イスラームに関連する事項と、社会一般に関連する事項がある程度バランスよく配置されていると捉えることができる。イスラームに関連する事項については、②「正直さ」に関連する物語の中で、ムスリムとしての「正直さ」のあり方が述べられている。ラシードという少年がサッカーでミスをしたために、父親から罰として友人と外で遊ぶことを禁じられ、自宅で悲しんでいたことを、兄弟であるマジードに学校で言いふらされ、ラシードが次の日に学校に行くと、みんなが自身の自宅での様子を知っていたというシーンから始まる。このような状況の中で、父親とラシードはマジードに対して以下のような言葉を投げかけている[21]。

父親：「正直さ」というのは、金銭についてのみを指しているのではない。
　　　それは、すべての行為において必要とされるものだ、というのも、
　　　偉大なるアッラーがいつでも私たちをご覧になるからだ。家族の秘

16

　密を守ることは、お前に誰にも言いふらすことが認められていない
　という信用だ。本当のムスリムは、家族や友人、祖国の秘密を守る
　のだ。彼／彼女は信用を壊してはいけないし、秘密をばらしてもい
　けないのだ。

ラシード：ムスリムは、偉大なるアッラーによって命じられたように、信
　仰の行動をしないといけないし、維持しないといけないのさ。つま
　り、両親を敬うことや、礼拝、断食、喜捨といったこともね。

父親：私たちは信用を保たないといけないし、（信用の）預け主が欲する時
　にはいつでも、安全かつ損なわれずに信用を返さないといけないの
　だ。それが、アッラーの預言者が移住の前に、異教徒の信用に対し
　てなされたことである。彼らはかつて、アッラーの預言者に対して
　彼らのお金を残していったのだ。それゆえ、彼は私たちに、預け主
　へ信用や預かり物を返すようにお説きになったのである。

　上記の言葉からは、偉大なるアッラーがいつでもムスリムのことを見てい
ることを伝えたうえで、秘密を守り他者からの信用を維持することがムスリ
ムにとって大切であることを諭している。また、それに加えて、ラシードは
礼拝や断食といった、信仰に関わる具体的な行動にも信用を結びつけている。
こうした物語に対して、「正直さの反対は何か」「ムスリムは何において正直
にならなければならないか」といった問いが立てられ、生徒に回答させる形
式になっている。
　この物語に加えて、イスラームに関連する内容が挙げられているのが、⑧
「正直さ」に関連するクルアーンの読誦の練習である。教科書では、クルアー
ンの「女性章：Surat Al-Nisā'」第58節の文章を引用し、短い節ではあるが、
クルアーンの読誦の練習をする機会を設定している。また、⑥歌の中でも「私
の手本は、わたしたちの予言者が全てに送りたもうたものである」といった
詩が見られることに加え、⑦「正直さ」に関する概念の整理の中でも、「正直
さは、最も偉大なイスラームの、偉大なるアッラーや、その預言者によって
好まれる性質である」、「正直な人々に対する見返りは、人々の愛や尊敬と同

様に、偉大なるアッラーの愛や、その預言者の愛である」といった文章が散見され、概念的には「イスラーム」と「正直さ」を結び付けて捉えられていることが見て取れる[22]。

　一方で、「正直さ」を実際の行動と結びつける場合には、イスラームといった概念的なものはあまり見られない。例えば、「建築労働者が、わかっていながらもレンガを正しく設置するのを無視する」、「フルーツを売る人が、腐ったフルーツを下の方に置き、新鮮なフルーツを上の方に置いていて、買う人にはそれが見えない」、「彼は校庭で腕時計を見つけ、校長に渡した」といった状況を文章で示し、「正直である・不正直である」といった選択肢を選ばせる内容が見られた。また、基本的には「正しい」行動を選択させる内容となっており、生徒どうしで議論をしたり、葛藤するような状況に対して思考を促したりするような内容は見られない構成となっている。

3.　UAE における「道徳教育」科目の展開と「正直さ」の取り扱い

　本節では、UAE における「道徳教育」の展開を整理していく。第 1 項で UAE における「道徳教育」の概要及び科目が設置された背景を記し、第 2 項でカリキュラムの構成を手掛かりに「道徳教育」の全体像を概観する。そして第 3 項では、「道徳教育」で取り上げられる「正直さ (Honesty: Amāna)」を事例に、どのような取り組みを通してこの資質が育成されようとしているのかを検討する。

3.1　UAE における「道徳教育」科目改革の流れ

　2016 年 7 月 27 日、ムハンマド・ビン・ザーイド・アル＝ナヒヤーン・アブダビ首長国皇太子・連邦軍副最高司令官（ムハンマド・アブダビ皇太子）の指揮のもと、アブダビ皇太子府が、「2017 年 9 月より、UAE のすべての公立・私立学校において、道徳教育 (Moral Education: al-Tarbīyah al-Akhlāqīyah) が正規科目として導入される」ことを発表し、連邦教育省やアブダビ教育・知識局等と協力し、「道徳教育」と称された科目として、学校教育のカリキュラム及

びコースに組み込む方針を示した。ムハンマド・アブダビ皇太子は「道徳教育」の導入にあたり、「技術的であれ、科学的であれ、いかなる進歩を国家が達成しようとも、国家の存続性は、国家が現在と栄光のある未来を建設することへ向けて、どの程度自らの高貴な価値観や原理を保持するかに依存している」とし、その中で文化的価値観と人間の道徳の重要性にも言及している[23]。同時に、彼はまた「道徳教育」が自尊心と強さを提供することに加え、愛国心の向上の重要性も指摘している。

このようなムハンマド・アブダビ皇太子に対し、2017 年、ハリーファ・ビン・ザーイド・アル＝ナヒヤーン UAE 大統領・アブダビ首長 (ハリーファ UAE 大統領) は国家方針として「Year of Giving」を発表し、国民のコミュニティへの寄与の向上について指し示した。そこではコミュニティへの恩返しの文化を促進し、国家へのボランタリー精神や忠誠心の向上を目的としている。「Year of Giving」では 3 つのテーマが設定された。具体的には、(1) 民間部門におけるコミュニティでの責任感の創造や、コミュニティへの従事における民間部門の役割を増進し、国家の発展に貢献できるようにすること、(2) ボランタリー精神を向上させ、社会の発展やコミュニティ・サービスにおける補助的役割を果たすための「特別ボランティアプログラム」を促進すること、(3) 次世代において、自身の国への忠誠心や献身性を備え付けることである。それは国家を愛し、貢献するために育まれた UAE 国民の資質となる、ということが述べられている。この方針は、「与える」という行動をすべての人にとっての道徳的価値観とさせることを目標としている点で、ムハンマド・アブダビ皇太子によって発せられた 2016 年の「道徳教育」の方針にもつながるものであるとされた[24]。

最後に「道徳教育」に対する考え方として、ムハンマド・ビン・ラーシド・アル＝マクトゥーム UAE 副大統領兼首相・ドバイ首長 (ムハンマド UAE 首相) が示したものを取り上げたい。ムハンマド UAE 首相は 2016 年 11 月 16 日の「国際寛容デー」の前日に、UAE 国民へ向けて「寛容のメッセージ (Risālat al-Tasāmuh)」を発表した。そこでは、「(ムハンマド UAE 首相の父である) シェイク・ラーシド時代のドバイでは、様々な部族や宗派の市民や人種が等しく尊敬さ

れ、同等の権利を持っていたこと」、「こうした倫理は現代にいたる大きな遺
産であり、自身の国家の開放性と寛容性に誇りを持つべきであること。また、
それは、人種、肌の色、宗教、宗派、エスニシティに由来する排他主義、不
寛容、差別への恐怖とは無縁の状況を享受し、人々は調和的に居住、労働し、
子どもを育てる国家であること」、「オンラインで共有された意見や議論を尊
重しつつ、それらが不寛容に陥ることはあってはならず、個人の間に格差を
認めることはないし、ましてや他者を差別するために人種や国籍を用いては
いけないこと」などを述べたうえで、これらの問題に陥らないよう、学校の
カリキュラムに「道徳教育」を導入する必要性を明示している[25]。このよう
に、ムハンマド UAE 首相による「寛容のメッセージ」の中では、UAE におけ
る多国籍・多民族・多文化性が主に述べられており、UAE で差別が行われ
ないことや、排他的・排斥的な雰囲気が形成されないことを願い、「道徳教育」
がそうした寛容さを持つ社会の形成に貢献することを期待している。加えて、
このような「寛容」と「道徳教育」を結び付ける方針は、先に取り上げたムハ
ンマド・アブダビ皇太子による言説にも見られる[26]。

3.2 「道徳教育」カリキュラムの全体像

　「道徳教育」は 2017/18 年度にパイロット科目として導入され、第 1 学年〜
第 9 学年において実施されることとなった。そして次年度に、第 10 学年〜
第 12 学年を含めた全学年に導入された。連邦教育省におけるインタビュー
では、2020 年 3 月時点では、第 1 学年〜第 8 学年においては、「道徳教育」
は単独の科目として設置されているが、同時に、他の授業(社会科、イスラー
ム教育、英語など)にも統合されて実施されるため、(同じテーマについて)いく
つかの授業を受けることになるという。つまり、第 1 学年〜第 8 学年につい
ては、単独の科目で「道徳教育」が提供されるとともに、他の科目でも扱わ
れるため、1 週間に 2 度、道徳に関連する内容を学ぶ機会がある。一方、第
9 学年〜第 12 学年については、単独の科目として設置されておらず、他の
科目と統合された授業のなかで行われる。こうしたことは、連邦教育省のカ
リキュラムを採用する学校のカリキュラムや時間割にも現れており、先に挙

げた表 1-1・1-2 でも、第 1 学年〜第 8 学年には「道徳教育」が週 1 時間確保されているが（表 1-1）、第 9 学年以降は単独の科目として設置されていないことがわかる（表 1-2）。

2017 年には連邦教育省より『道徳教育カリキュラム文書』が発行されており、以下ではこの資料を参考にして概要を見ていく。「道徳教育」には 4 つの柱として、人格と道徳性 (Character and Morality)、個人とコミュニティ (The Individual and The Community)、文化学習 (Cultural Studies)、公民学習 (Civic Studies) が設定されている。プログラムは**表 1-4** のように、第 1 学年から第 12 学年までの 12 年間にわたり、66 個の一連のユニットを通して教えられるように設計されている。例えば、表 1-4 の「第 1 学年・1 学期・前半」には「公正性・愛情 (CM1)」の内容が割り当てられており、これが 1 ユニットにあたる。1 ユニットあたり 6 週間の期間が設定され、週 1 コマ (45 分) の授業が実施される。また、第 12 学年には生徒が 4 つの柱から学んだことを統合する機会を提供するためのプログラムが設けられている。

表 1-4 の内容の構成を見てみると、第 1 学年から第 4 学年にかけては「人格と道徳性」、「個人とコミュニティ」、「文化学習」の柱を中心に、【思いやりと共感 (CM7)】、【思慮深さ、協働 (CM6)】、【私と私の家族 (IC1)】、【フレンドシップ (IC2)】といった主として個人の内面形成に関わるものが多く見られる。さらに、【読み聞かせを通した UAE 遺産の発見 (CUS1)】、【UAE 文化の理解 (第 1 部) (CUS5)】といった、主として UAE の文化・遺産に関連する内容も設定されている。第 5 学年から第 8 学年にかけては、「人格と道徳性」において共感や平等・正義、義務・責任、尊重・寛容といったより抽象的な概念を扱うとともに、「個人とコミュニティ」ではスポーツやデジタル (ICT) といった、より現代的なテーマを扱うようになっている。また、「文化学習」の代わりに「公民学習」の内容が 2 学期にかけて集中的に行われるようになっているが、そこでは家族や血縁関係、文化交流、ガバナンスといった UAE 社会や政治の基礎的事項に関する内容が見られる。そして第 9 学年から第 11 学年については、各学年で 2 学期後半以降は公民学習が集中的に行われることに加え、文化の普遍性や関係性、グローバル倫理、グローバル経済、グロー

表1-4 「道徳教育」科目の全体像

学年	1学期		2学期		3学期	
	前半	後半	前半	後半	前半	後半
1	公正性、愛情(CM1)	私と私の家族(IC1)	読み聞かせを通したUAE遺産の発見(CUS1)	思いやり、正直さ(CM2)	フレンドシップ(IC2)	無形の文化(CUS2)
2	寛容、違いへの尊重(CM3)	自己アイデンティティと他者との協働(IC3)	物質や象徴は私たちに何を語り掛けるのか(CUS3)	レジリエンス、忍耐力(CM4)	健康でいること(IC4)	物質や象徴は私たちに何を語り掛けるのかと、類似点と相違点(CUS4)
3	平等、評価(CM5)	私と私の世界(IC5)	UAE文化の理解（第1部）(CUS5)	思慮深さ、協働(CM6)	勇気を持つことと安全でいること(IC6)	UAE文化の理解（第2部）(CUS6)
4	思いやりと共感(CM7)	成長と幸福(IC7)	貿易、旅行、コミュニケーションの文化への影響(CUS7)	平和、責任(CM8)	違いを助け、つくること(IC8)	貿易、旅行、コミュニケーションの文化への影響(CUS8)
5	認知的、感情的共感(CM9)	自身や他者へ責任を取ること(IC9)	UAEにおける定住、家族、血族関係(CIS1)		道徳的人格、徳の倫理学(CM10)	スポーツや娯楽における倫理(IC10)
6	公正性としての平等、正義(CM11)	身体的な健康と食事(IC11)	どのようにしてUAEは、今日の多様で包括的な社会に発展したのか(CIS2)		多様化した社会における尊重と寛容(CM12)	精神的健康(IC12)
7	個人の道徳的義務と責任(CM13)	良い意思決定(IC13)	貿易、旅行、コミュニケーション：ますますグローバル化し、相互の接続が進まる世界におけるUAE、文化交流(CIS3)		人間の欲求(CM14)	デジタル・チャレンジ(IC14)
8	コミュニティの文脈における道徳性(CM15)	多様性の尊重(IC15)	UAEにおける協議的ガバナンスの発展(CIS4)		国家の文脈における道徳性(CM16)	衝突への対応(IC16)
9	グローバル倫理入門(CM17)	金銭的意識(IC17)	何をどのように保存されるのか(CUS9)	UAEにおける統治、役所、司法制度(CIS5)	UAEにおける政府、役所、司法制度(CIS6)	活動的な市民になること（第1部）(CIS7)
10	倫理とグローバル経済(CM18)	穏やかな人生を生きる(IC18)	文化間の関係(CUS10)	責任のある成人になること（第1部）(CIS8)	責任のある成人になること（第2部）(CIS9)	活動的な市民になること（第2部）(CIS10)
11	平和と衝突の学問(CM19)	振り返りと移行(IC19)	普遍的文化(CUS11)	グローバルな市民性(CIS11)	グローバルな市民性(CIS12)	グローバルな視点の涵養(CIS13)
12	実際生活の資金のマネジメント(IC20)	実際世界における倫理(CM20)	道徳的な生活を生きる(PR1)		実践における道徳性(PR2)	

出典：UAE Ministry of Education. *Moral Education Curriculum Document.* 2017, p.5. CM は Character and Morality（人格と道徳性）、IC は The Individual and The Community（個人とコミュニティ）、CUS は Cultural Studies（文化学習）、CIS は Civic Studies は（公民学習）、PR は総合的な学習を示している。

バルな市民性など、世界的な視野を涵養するテーマや、これまでの活動を振り返りつつ人生全体を見通すことを目的とした内容も見られる。

3.3 「道徳教育」における「正直さ」の取り扱い──2017/18年度第1学年教科書を事例として

「道徳教育」科目において「正直さ」に関する内容は「人格と道徳性」の柱に含まれており、第1学年の2学期後半に履修する「Caring and Honesty」の単元の中のレッスン4「Being Honest」、レッスン5「Exploring Honesty and Storytelling」で扱われている。ただし、その前置きのストーリーとして、レッスン2「Caring for Others」に関連する内容が含まれている。その内容とは、「ジャックという少年が自宅の向かいの庭で弓矢のおもちゃで遊んでいたところ、

22

誤って他人の家の窓ガラスを矢で割ってしまったが、自分が割ったということは露見せず、誤解により別の子どもが道の角の向こう側で叱られていたようなので、ジャックは逃げた」というものである[27]。

この導入を踏まえ、レッスン4において物語の続きが記述される。後日、ジャックがハミードという少年と遊ぼうとしたところ、ハミードに断られてしまうが、遊ぶのを断る理由が「誰かが近所の家の窓ガラスを弓矢のおもちゃで割ったんだけど、その家の人が『割ったのが自分(ハミード)のような子どもだった』と父親に言ったため、父親から外に出るのを禁止された」というものである。そうしたハミードの悲しそうな声を聞いて、ジャックは自分の父親に対して本当のことを言おうと決意したところで物語が終わっている(図1-1)。

こうした物語に対し、「ジャックは遊ぶ前に、どのようなことをしなければいけませんでしたか?」、「あなたは、ジャックが自分のしてしまったことについて考えていたとき、どのように感じていたと思いますか?」といった

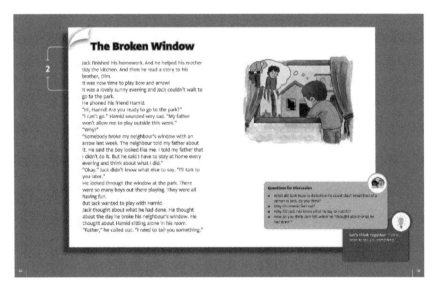

図1-1　レッスン4「Being Honest」における物語

出典：UAE Ministry of Education. *Moral Education, Grade 1*. 2017. pp.55-56.

問いが立てられ「一緒に考えてみよう」と指示されたうえで、次のページに円卓になって議論する様子とメモ欄が記載されている。また、その次の問いには「あなたが実際は3つのチョコレートバーを買ったにもかかわらず、店員が2つ分の代金しか求めなかった場合、あなたはどうしますか？」と尋ねたうえで、自身の行動について考えさせている。他にも「あなたは友達から借りたおもちゃをなくしてしまいました」、「あなたはお店で、友達が代金を払わずに何かをポケットの中に入れているのを見てしまいました」といった写真や文章を提示し、どのような行動をとるのかをクラスメイトと議論する内容が含まれている[28]。

　次に、レッスン5「Exploring Honesty and Storytelling」では、また異なるストーリーが掲載されている。物語の内容は、ジャミールという名前の少年が、自分が勉強していなかった試験から逃れるためにわざと学校の火災報知機を作動させ、「火事だ！火事だ！」と騒いで回った。ジャミールは、ジャックという名前の少年に「どうやって火事があるってわかったの？」と尋ねられたところ、「テストから逃れるために警報を鳴らしたのさ」と笑って答えたため、ジャックから「次に警報が鳴ったらどうするの？僕らは火事がないって思うだろ」と言われたことで、ジャミールは反省する、というものである[29]。

　この物語について「あなたはジャックがジャミールのことをケアしたと思いますか？」、「どの点でジャミールは正直ではないのですか？」といった問いについて議論をする内容が含まれている。しかし、それに加えて、次のページでは「ジャミールの立場になって、『truth seat』に座ったつもりで考えてみよう」と設定したうえで、「たとえ誰かを傷つけることになっても、あなたは真実を述べることが常に正しいと思いますか？」という、個人の葛藤の要素を含むような問いについて考える内容も見られる。このように、「道徳教育」における「正直さ」の単元では、知識や概念を身に付けるというよりも、子どもに対して問いを投げかけ、考えさせたり議論させたりする内容が中心になっていると言える[30]。

4. 「イスラーム教育」と「道徳教育」の関係性に関する考察
——連邦教育省へのインタビューを手掛かりに

　前節まで、UAE の「イスラーム教育」及び「道徳教育」科目における「正直さ」
の取り扱いについて検討してきたが、それぞれの科目における違いについて
「テーマの内容・宗教的記述の有無」、「学習の題材」、「学習成果における重点」
の観点から、**表 1-5** の通りに整理した。

　両科目における「正直さ」の位置づけを確認すると、「イスラーム教育」で
は「イスラームの価値観（Values of Islam）」に含まれ、2 年生前半で実施されるが、
「道徳教育」では「人格と道徳性（Character and Morality）」の柱に含まれ、1 年生の
後半に実施されている。まず、「テーマの内容・宗教的記述の有無」については、
「イスラーム教育」がクルアーンや預言者ムハンマドの言行を中心に据えな
がらも、子どもが生活一般において直面する可能性のある内容を取り上げて

表 1-5　「イスラーム教育」「道徳教育」教科書における「正直さ」の取り扱い

	「イスラーム教育」	「道徳教育」
テーマを取り扱う学年・時期	2 年生の前半	1 年生の後半
対象	UAE におけるすべてのムスリムの児童生徒が対象	宗教に関わらず、すべての児童生徒が対象
カリキュラムの中の位置づけ	「イスラームの価値観（Values of Islam）」	「人格と道徳性（Character and Morality）」
テーマの内容・宗教的記述の有無	クルアーンや預言者ムハンマドといった、イスラームに関する内容がある程度含まれているが、一般的な生活の中のテーマも取り上げられている。	イスラームをはじめとした宗教的記述は見られず、子どもの生活に密着した内容が中心。
学習の題材	ストーリー、歌、クルアーンの文章及びその読誦、正誤問題、自己評価。	ストーリー、写真、議論のための問い。
学習成果における重点	知識や概念を身につけさせる内容が中心。	子どもに考えさせたり、議論させたりする内容が中心。

出典：筆者作成。

おり、バランスよく配置されていることが見て取れた。一方で、「道徳教育」
については、イスラームをはじめとした宗教的な記述は見られず、学校にお
ける子どもにとってイメージしやすい身近なテーマや状況が扱われていた。

　次に、「学習の題材」については、「イスラーム教育」では、子どもにとっ
て身近なストーリー、テーマに関連する歌、クルアーンの章の一部及びその
読誦、「正直さ・不正直さ」を扱う正誤問題、自身の学習を振り返るための
簡単な自己評価といった点で、多様な方法が設定されている一方で、子ども
どうしの議論やコミュニケーションといった側面は薄くなっていた。それに
対し、「道徳教育」では「正直さ」に関する状況を設定し、主に子どもが考え
たり、議論したりする題材に絞られている。最後に、「学習成果における重
点」について、「イスラーム教育」では「正直さ」に関する概念や知識を身に付
けることが中心となっているが、「道徳教育」では知識的な側面はほとんど
見られず、具体的な状況について子どもに考えさせたり、議論したりするこ
とが主に扱われている。

　このように、「イスラーム教育」と「道徳教育」が併存することについて、
一定の違いが見られたものの、これらの科目の関係性は、どのように捉えら
れているのだろうか。2020年3月1日に連邦教育省において、連邦教育省
カリキュラム・評価部門の専門家であるゾハール・サフィ氏及びハリード・
アル＝ザンハーニー氏へのインタビューをする機会を得たため、以下の回答
を手掛かりにして検討したい（下線筆者）。

　*この国はイスラーム及びアラブの遺産に基づいた中核的な価値観を
　持っているが、それはまた、他の市民や国ぐにへ開かれており、また寛
　容の概念を備えたもの*である。… （中略） …これは、この国においてシェ
　イク・ムハンマド・ビン・ザーイドが打ち立てたいと考えているもので
　ある。」

　「イスラーム教育は1つの科目であり、アラビア語のように必修の科目
　となっている。イスラーム教育はここではすべてのムスリム（イスラーム

教徒）の児童生徒にとって義務であり、UAE 国民のみではなく、すべてのムスリムの児童生徒を対象としている。…（中略）…これは、<u>彼がムスリムとしてのパーソナリティを形成することになるので、私たちは彼にイスラームの価値観を教えなければならないが、しかしそれは道徳教育とは何が異なるのだろうか。</u>例えば、<u>私が「正直さ」について話をするとき、同じ例を出すことになる。「道徳教育」では、私はイスラームにおける「正直さ」を教えるつもりである。私たちの預言者はどのように正直であったかや、クルアーンなどの文章がどのようであったか、ということである。</u>「道徳教育」では、私はこのことを児童生徒に与えるが、道徳教育の観点からは<u>大きな国家や国際的な文脈</u>といったことになる。」

「たとえ児童生徒が他の科目からそのことを学ぶつもりでも、彼は道徳教育とは異なる別の観点からそれを得ることになる。<u>それらは互いに相反するものではないし、互いに補完するものである。</u>そして、私たちが児童生徒に発展させたいと思うものは、多様な観点からの物事の理解であり、イスラームやイスラーム教育の観点からのみではない。私たちは<u>児童生徒にイスラーム教育や道徳教育、そして他の科目から物事の見方を身につけてもらいたいと思うし、それは他の宗教の理解への開放性を通して行われるものである。</u>」

「イスラームや宗教が出現する以前でさえ、どのように正直であるべきか、どのように他者を扱うべきか、という道徳性は人々の間に存在していた。よって、それは文化的なものであり、宗教の側面からのみではない。道徳性ということになると、<u>宗教は「どのように人生を生きるか」ということの1つの要素でしかない。</u>どのように生きるか、どのような社会的背景か、どのような教育を受けてきたか、どのような出会いがあったか、どれだけ旅をしてきたか、といったことである。こうしたことが自身の道徳性を涵養するし、<u>道徳性は宗教のみではなく、宗教は道徳性を構成する1つの要素ということになる。</u>哲学的に道徳を語ることは宗教

以上に広いものとなる。」

　以上のように、カリキュラムを検討する立場の人物から見ると、道徳性の涵養という文脈において「イスラーム教育」と「道徳教育」は結び付けられて考えられていると捉えることができる。「イスラーム教育」が（UAE人のみに限らず）すべてのムスリムの児童生徒を対象としているのに対し、「道徳教育」はムスリムを含めた、より広い範囲の児童生徒を対象としているため、道徳性の観点から見れば「道徳教育」の方がより包括的な内容を扱っているのは当然とも言える。しかし、「正直さ」のように「イスラーム教育」と「道徳教育」が重なる部分に関しては、「私たちの預言者はどのように正直であったかや、クルアーンなどの文章がどのようであったか」について扱う可能性も言及されているように、密接にそれらの要素を結び付けながら教育を実施することが想定されていると考えられる。また、宗教も道徳も「どのように人生を生きるか」を構成する一つの要素として捉えられており、単に「宗教」や「道徳」を教えるのではなく、自身の人生のあり方と結びつけられるような方向で展開されていると言えよう。

おわりに

　本章は、「イスラーム教育」、「道徳教育」の両方がUAEの価値教育の枠組みにおいて展開される中で、これらの科目の特質及び相互の関係性の視点から、UAEの教育改革の方向性を考察することを目的としている。UAEはイスラームを国教としているため、「イスラーム教育」は連邦教育省に管轄される学校教育の中に明確に含まれており、ムスリムの児童生徒に対しては必修科目として設定されている。一方で、UAEは国家の全人口の9割が外国人によって構成されるという点で、極端に国際化が進行した社会を形成しており、外国人学校やインターナショナル・スクールも公教育の一部を構成している。このような国家的特質及び社会環境から、「イスラームに基づく宗教的知識・考え方の涵養、及びそれらに基づく道徳的素養の獲得・国家的ア

イデンティティの形成」と「イスラームの枠組みを越えた、多様な国籍・文化・宗教等を包摂できるような、より普遍的な道徳的概念の理解及び実践」が同時に求められる状況にあると言える。現実的な状況として、石油資源を利用した急速な経済発展により、湾岸アラブ地域に従来から居住しているムスリムの人口を超えて、多様な国籍・文化の人々を包摂した社会を形成することが余儀なくされており、教育改革もそうした社会状況に対応することが求められている。

　以上の流れの中で、UAEではこうした価値形成の必要性に対応するため、2010年代以降の公教育においては、「イスラーム教育」と「道徳教育」を両輪とした価値教育に関連する改革が進められている。「イスラーム教育」では、教育大臣により発せられた「寛容」、「穏やかな宗教的教育」といった言葉や、連邦教育省による「寛容」、「統合」といった改革の方向性にも見られるように、イスラームを基盤としながらも、穏健かつ他者に対して寛容の精神を備え、社会的な統合を発展させることを目的とした教育改革を進めることが示されている。そうした「イスラーム教育」改革の方向性に対し、「道徳教育」についても、ハリーファUAE大統領が「Year of Giving」の国家方針の中で、「国家やコミュニティへの貢献」という文脈で「道徳教育」の重要性を述べている。加えて、2016年に提示した「寛容のメッセージ」の中でムハンマドUAE首相が、多様な人種、国籍、宗教に対する排他主義を放棄し、他者に対して寛容の精神を育成するための「道徳教育」の役割について期待していると述べたことから、「道徳教育」に対して期待される方向性は、「イスラーム教育」に対して求められるものと重なり合う部分もあると捉えられよう。

　本章では、その一つの事例として「イスラーム教育」と「道徳教育」科目における「正直さ」の取り扱いを検討したが、両科目の「正直さ」の内容についてそれぞれに特徴が見られた。「イスラーム教育」において、「正直さ」の単元は「イスラームの価値観」として扱われており、題材となっている物語も、日常生活における行動がイスラームの信仰と結びつけられた内容となっていた。また、クルアーンの読誦や預言者ムハンマドの行動といった内容も含まれている。一方で、イスラームとは直接関わらないような日常生活のテーマ

も取り上げられていたが、基本的には知識や概念を身につけさせる内容が中心となっていた。そして「道徳教育」については、「正直さ」は「人格と道徳性」の柱に含まれるテーマとなっているが、イスラームをはじめとした宗教に関連する記述は見られず、子どもの生活に密着した内容が中心に構成されている。また、特定の知識や概念を教え込むような題材ではなく、「実際の状況においてどのように行動するか」を子どもに考えさせたり、葛藤するような状況を取り上げて議論させたりする内容も見られた点で、「イスラーム教育」における「正直さ」の扱いとは異なる様相が明らかとなった。しかし、連邦教育省カリキュラム・評価部門におけるインタビューでは、これらの違いを分離させて捉えるのではなく、「一人の人間を育成する」という認識のもと、相互に補完し合いながら教育現場で実践することが意図されていることが確認できた。

　以上の状況から、イスラーム教育を含めた価値教育に関わる一連の教育改革は、公教育の枠組みに含まれながら、連邦国家及び連邦教育省の一元的な指針のもと、UAE の社会状況を総体的に考慮する形で進められていると捉えることができる。イスラーム教育は公立・私立といった学校種を問わず、ムスリムを対象として各学校で実施されており、UAE の国家的基盤を形成するために重要な位置づけを占めている。他方で、極端に国際化した社会を形成しているという現実から、イスラーム教育の要素を考慮しながらも、その枠組みを越えるような資質の形成も社会的要請として存在し、これらの多様な要素に対応できるように教育改革が目下進行していると言えるだろう。

　ただし、こうしたイスラームを軸としつつ、その枠組みを越えた多様性に対応できる道徳的資質を育成することは容易ではない。「イスラーム教育」は学習成果を意識した教育活動や生徒による自己評価も含まれている点で、従来の伝統的な様式とは異なる教育方法が模索されている。また、「道徳教育」においても、子どもの多様な考え方を教師が整理しつつ、個々人の考え方や集団の議論を基盤とした教育実践が浸透するには時間が必要であり、実際に教育現場でも対応に苦慮しているという報告もある。これらの点も含めて、将来的な教育改革の展開を明らかにしていくことを今後の課題としたい。

注

1 堀拔功二「アラブ首長国連邦における国家運営と社会変容：「国民マイノリティ国家」の形成と発展」京都大学大学院アジアアフリカ地域研究研究科 2011 年度博士学位論文、2011 年。

2 The National. "Islamic Education to Include Greater Priority for Tolerance." https://www.thenational.ae/uae/education/islamic-education-to-include-greater-priority-for-tolerance-1.431491（2019 年 1 月 6 日取得）.

3 *ibid.*

4 Khaleej Times. "UAE to Introduce New Islamic Education Curriculum Next Year." https://www.khaleejtimes.com/nation/education/uae-to-introduce-new-islamic-education-curriculum-next-year（2019 年 1 月 6 日取得）.

5 なお、本章ではイスラーム教育に関する用語を記述する際、大塚和夫編著『岩波イスラーム辞典（第 2 刷）』岩波書店、2009 年を中心に確認した。

6 辞書的な意味としては、amāna は reliability、trustworthiness、loyalty、faithfulness、fidelity、fealty、integrity、honesty、confidence、trust、good faith、deposition in trust といった、多様な概念を示すものであるが、本章では「イスラーム教育」、「道徳教育」両方の教科書のアラビア語版・英語版両方に共通して当てられている honesty を中心に検討を進める（Wehr, H. *Arabic English Dictionary of Modern Written Arabic.* New York: Spoken Language Services, 1993, p.36）。

7 Alhebsi, A., Pettaway, L.D. and Waller, L.R. "A History of Education in the United Arab Emirates and Trucial Shekdoms." *The Global eLeaning Journal.* vol.4, issue 1, 2015, p.2.

8 *ibid.*, pp.2-3

9 *ibid.,* p.3.

10 *ibid.,* p.4.

11 UNESCO. *World Data on Education, United Arab Emirates, 2010/2011.* pp.9-10.

12 *ibid.,* pp.8-9.

13 中島悠介「アラブ首長国連邦：国際化した社会における待ったなしの教育改革」小原優貴編・大塚豊監修『海外教育情報シリーズ・アジア編 第 3 巻』一藝社、2020 年、77 頁。

14 Dubai Government. "Curriculum Requirements for Private Schools in Dubai for the Academic Year 2018/2019." 2018, p.1.

15 *ibid.,* p.1.

16　アラビア語版と英語版の教科書の違いを一部確認したところ、基本的には同じテーマが扱われ、説明も同様の内容が記載されていた。一方で、英語版の教科書では、もともとの教科書の余白部分を小さくし、ローマ字によるアラビア語の発音や、英語による追加の説明も含まれている点に違いが見られた。

17　Bakali, N. "Islamic Education in the United Arab Emirates - Part I." Tabah Futures Initiative, https://medium.com/tabah-vista/islamic-education-in-the-united-arab-emirates-part-one-b347f37c6ebb（2020 年 6 月 10 日取得）.

18　Knowledge Group. "Raising the Quality of Arabic and Islamic Education in UAE Schools: A Qualitative Analysis of School Inspection Reports." 2017, p.13.

19　UAE Ministry of Education. *Islamic Education Grade 1 Part 1*. 2017, p.1.

20　*ibid.,* p.1.

21　UAE Ministry of Education. *Islamic Education Grade 2 Part 1*. 2017, pp.158-159.

22　*ibid.,* pp.162-163.

23　The National. "Why Moral Education is So Important." http://www.thenational.ae/opinion/comment/why-moral-education-is-so-important（2017 年 5 月 20 日取得）.

24　KPMF. *UAE's Year of Giving*. 2017, pp.1-3.

25　UAE the Cabinet. "Risālat al-tasāmuh." https://uaecabinet.ae/en/toleranceletter（2017 年 5 月 20 日取得）.

26　UAE The Cabinet. "Crown Prince of Abu Dhabi launches 'Moral Education' to Promote Tolerance." https://www.uaecabinet.ae/en/details/news/crown-prince-of-abu-dhabi-launches-moral-education-to-promote-tolerance（2020 年 3 月 19 日取得）.

27　UAE Ministry of Education. *Moral Education, Grade 1*. 2017. pp.33-34,43-44.

28　*ibid.,* pp.57-58.

29　*ibid.,* pp.61-62.

30　*ibid.,* pp.63-64.

2章
バングラデシュの宗教教育改革

日下部達哉（広島大学）

はじめに

　序文において示した通り、一部に先鋭化したマドラサがあることは否定できないが、本章ではまず、基礎的なマドラサの構造を説明しつつ、多様性を描写することで、「マドラサがいかにムスリムの生活の一部をなしているか」、「地域でマドラサが果たしている基本的な役割」を明らかにし、決してその全てが先鋭化したものではないことを述べていく。また、筆者が行った1999年から2019年までの、バングラデシュ農村における世帯標本調査、教育機関調査、マドラサ調査のデータからケーススタディを試みる。なお、本章の一部は、日下部(2009)を加筆修正していることをあらかじめ断っておく[1]。

1.　南アジアにおけるマドラサの展開

　マドラサの定義がきわめて多様であるように、南アジアのマドラサもまた多様性に富んでいる。南出による1835-1838年におけるアダムズ・レポートの検討では、現地に土着の教育機関として、ヒンドゥーのためのパートシャーラーやムスリムのためのマクタブが400人に一校の割合で存在し、人々の間にかなり浸透していたという[2]。しかし、1858年のムガル帝国崩壊前後の南アジアにおいて、在来の、体系的な教育課程をもたない小規模私塾的なイスラーム教育施設は衰退していった。それになり代わるように、イギリスによる植民地支配は、植民地支配の効率を高めるための、安価な労働力創出の手

段として、初等大衆教育に手をつけることとなった。帝国が完全に崩壊する以前の 1853 年、イギリス下院特別委員会がインドで行った教育開発調査を基礎として、東インド会社のチャールズ・ウッドの手によって記された『ウッド教育書簡 (Wood's Education Despatch)』はその契機となった。この後、パートシャーラーやマクタブなどの、主に子どもを対象とした教育施設に対し、一定の基準[3]を満たせば補助金を出すなどの施策によって、近代教育セクターは土着の教育施設を次々と取り込んでいった。その結果、西洋近代教育は、多くの、西洋化されたムスリムエリートを生み出すこととなった。彼らはウラマー（イスラーム学者）に対し懐疑的であったため、多くのウラマーたちは新たに宗教的リーダーシップを発揮する必要性に迫られた[4]。こうしたことを発端として、1867 年にムハンマド・カーシム・ナノウタヴィーらの改革派ウラマーたちによって、体系的なイスラーム教育を施す目的で創設されたのが、インドのデーオバンド地方で設立されたデーオバンド学院であった。支部や提携を含めた系列校は、年月とともに南アジア全域に及び、現在その数は数千といわれている[5]。学生は南アジアのみならず、中央アジア、アフリカなどからも集まり、ハディースをはじめとし、ハナフィー学派の著名な法学者であるマルギーナーニーによるハナフィー法概論『ヒダーヤ (al-Hidaya)』などが学ばれた[6]。デーオバンド派のウラマーたちは、テクストを重視する姿勢をみせ、聖者の奇蹟や、預言者の神秘化などを重視したバーレルヴィー派と対立したが、19 世紀末になり、南アジアでハディースについてのシステマティックな学習を行うには、デーオバンド以外にないといわれるまでになった[7]。

　現在、デーオバンド、バーレルヴィー、アウラ・ハディス、ジャマテ・イスラミア、アハマディアという 5 つのセクトが存在するが、デーオバンド系マドラサは最大派閥となっており、パキスタンの巨大なデーオバンド系マドラサには、南アジア全域[8]あるいはその他の地域から、留学生やウラマーたちが行き来している。南アジアでは、こうした、イスラーム教育に傾斜した内容を教えるコウミマドラサという、いってみれば生粋のマドラサと、一般学校の内容も並列的に教育するアリアマドラサとに分かれている。ただし、

バングラデシュ・コウミマドラサ委員会という、いくつかの派閥を統べる委員会が存在し、それによって、学位授与認定のための試験の作成、採点などの運営業務、さらには、政府側との交渉などの渉外業務も行われる。

　一般学校の内容も教育するマドラサは、南アジア各国の様々な事情によって、発生してきたものである[9]が、大きくいえば国家の近代化のため、マドラサを近代教育のための一機関とみなし、五カ年計画などの中で「マドラサの近代化」を取り上げたり、1990年の「万人のための教育世界宣言（Education For All、以下EFA）」によって世界的な教育普及キャンペーンが起こったりしたことにより、その教育の世界的制度化[10]の潮流に巻き込まれた結果、増加してきたものである。そうすることで就学率などにマドラサの数値を含むことができるからである。あるいはかつてのパキスタンにおけるムシャラフ政権のように、アメリカとの関係を重視する政策から、統制を強めるために、マドラサ設置を許可制にしたり、一般科目を導入したりしている。こうしたマドラサは一般に普通教育との連携が可能である。例えば、マドラサ・ダキル（小学校レベル）を卒業して一般の中学校に進学したりするケースである。つまり南アジアでは、既述したデーオバンド学院に端を発する、宗教的な内容を学習の中心に据えるコウミマドラサと、宗教的な学習内容と同時に、一般教科も学習する、「スクール化」したアリアマドラサに大別することができる。各国でマドラサの呼び方の違いこそあれども、南アジアではどこの国も無認可のコウミと、認可されたアリアの二大構図があるといえる。また、コウミの認可を巡って、政治的な駆け引き、交渉が展開されており、多くは政治的、政策的課題の一つとなっている。また本章は、日下部（2009）において展開した議論に、後の調査結果及び分析結果を加えて加筆修正している。

2.　バングラデシュにおけるマドラサの位置づけ

　パキスタンや、アフガニスタンのマドラサは、山根やファリバーが指摘[11]する通り、ソ連侵攻に関わって数が増加し、かつ、ムジャーヒディーン養成のために、右傾化したという背景が指摘できよう。一方、同じデーオバンド

系列のマドラサでも、バングラデシュのそれは、ソ連侵攻の影響をそれほど受けず、基本的には独自の教育スタイルを守る形でこれまできている。その活動は、ムジャーヒディーン養成のためというよりも、印パ分離独立後の、ヒンドゥーとのコミュナル対立に際しての牙城として、近年では、NGO の進出など、特に欧米先進諸国からの影響に対する警戒[12]などであった。そのため極端な右傾化はしておらず、14-16世紀におけるベンガルフロンティア開拓の役割を担った聖者の呼称であるピール (*pir*) について、バングラデシュでは、否定的な意見があるわけではない。農村部では、村のデーオバンド系マドラサのプリンシパル (校長) を「自分にとってのピールだ」として崇めているような人々もいる。こうした信仰のあり方は、イスラームの原理を重んじる人々からは、否定的にとらえられる場合もある。しかしバングラデシュでは全土で、ピールを敬う傾向がある。このように、同じ系譜を踏襲している場合であっても、国毎の事情によってマドラサのあり方は多様性を見せている。

2.1 マドラサの現状と役割

　次に、バングラデシュにおけるマドラサをめぐる制度的位置づけを見ていくことにする。先にも確認した通り、一般教育も施すマドラサのことを、バングラデシュではアリアマドラサと呼ぶ。アリアマドラサは、通常の学校教育制度とは別の系統として位置づけられており、イブティディエー (*ibtedayee*) という小学校レベルからカミル (*kamil*) という大学院レベルまで整備されている。

　地域によってはマクタブ (*maktab*) という幼稚園レベルの、クルアーンを暗記するための寺子屋的教室もマドラサ (あるいはフルカニアマドラサ) と呼ぶ場合がある。たいていの農村にはモスクに併設するマクタブおよびマドラサがあり、常駐するモオラナやフズールと呼ばれるマドラサ教師が、子どもへのクルアーン朗誦指導をしたり、村の聖職者を養成したりしている。先述の通り、現在ではマドラサでも普通教育を施しているため、途中で普通教育のコースに移ることも可能となっている。小学校レベルまではマドラサに通い、

その後マドラサではない通常の中学校に編入するような事例も多く、そうしたコースをたどり、NGO のディレクターや企業経営者を務めている者もいる。ただし、これは政府の財政支援を受けているアリアマドラサのみである。全国的にアリアマドラサはかなり増加傾向にあり、1970 年に 1000 校程度だったものが 2000 年には 7000 校を超えるに至っている[13]。これは 1990 年代、EFA 政策の世界的潮流に呼応した結果として、急激に増加したものであるとみてとれる。授業についても (**表 2-1**) のように、一般教科とのバランスを考えたものになっており、現在では、ナショナルカリキュラムを完全に担保したものでなければ教員給与は支払われないことになっている。

　一方、一般教科を導入せず、独自の資金源 (村人からの寄付、中東イスラーム組織、中東への出稼ぎ者) で独立採算の運営をしているマドラサのことは、コウミ (*qawmi*) マドラサと呼ばれていることも先に確認した通りである。発行される修了証 (学位) は、政府に認められている公的なものではないので、いっ

表 2-1　あるアリアマドラサの週間カリキュラム例

教　科	学　年									
	1	2	3	4	5	6	7	8	9	10
ベンガル語	6	6	6	6	6	6	6	6	6	6
英　語	6	6	6	6	6	6	6	6	6	6
クルアーン (アラビア語基礎)	6	6	6	6	6	6	6	6	6	6
数　学	6	6	6	6	6	4	4	4	6	6
歴　史	—	—	6	6	—	3	3	3	3	3
経　済	—	—	—	—	—	—	—	—	3	3
地　理	—	—	—	—	—	3	3	3	3	3
ハディース	—	—	—	—	—	—	—	—	6	6
アラビア語	—	—	—	—	6	6	6	6	6	6
フィカ (六信五行の基礎)	—	—	—	—	6	6	6	6	3	3
科　学	—	—	—	2	2	2	2	2	—	—

(出所) 2002 年教育機関調査より

たんコウミマドラサに入学すると、途中で通常の学校へと鞍替えするということはできない。2018 年の法改正によってコウミマドラサにおけるダウラ・ハディスという学位は、大学院修士のアラビア語とイスラーム学の学位と同等であるとされたが、「認可された」ということが、補助金が下りるようになった、あるいは、教科内容をアリアのほうに合わせたということを意味しない。初等・中等レベルでは、以前と変わらず、アリアでは、宗教教育というよりは、むしろ普通教育のほうを重点的に施すのに対して、コウミでは約 8 割が宗教的内容となっている。しかし、後述するように近年では、コウミであってもアリアマドラサのように、英語や数学などの一般教科に力を入れるマドラサが増加してきている。また、同じ 2018 年には、一般科目、とりわけ英語について、これまでコウミマドラサの中では、初歩的なものを 3 年しか教えていなかったものを、8 年教えるようになり、生徒の負担は増加したものの、一般科目のカリキュラムの改革を行ったのである。

　2019 年時点でのコウミマドラサの数は、正式な統計が存在するわけではないし、また正式とされるバングラデシュ教育統計局のデータも実態をおさえているとはいえない。しかし大小合わせて約 20000 校あるといわれている[14]。約 20 年前には 10000 校といわれていたので、きわめて雑駁ではあるものの、倍程度に増えている、というのが実態に近いのではないだろうか。

　ここで、コウミマドラサの教育内容の変遷について説明しておきたい。かつて、12 年というコウミマドラサの課程のうち、一般的な教科内容（ベンガル語、数学、英語、科学など）がカリキュラムの一部として加わるのは、実質的には最初の 3 年（あるいは 4 年）までで、あとはすべてアラビア語、ペルシャ語、ウルドゥー語を教授用語としてクルアーンやハディースに関する授業[15]を受けることになる。むろん教室内の掲示やカリキュラム表などはすべてアラビア語で表記されており、6 〜 7 年生になると、アラビア語あるいはウルドゥー語の読み書き能力のエキスパートになる。これまで調査したコウミマドラサでは、東パキスタン時代に取り入れたウルドゥー語の教科書を現在でも使っているために、8 割程度がウルドゥー語のほうが得意になるということであった。しかし、近年ではそうした、「コウミマドラサでは宗教科目ば

かりを教えている」というイメージを覆すような研究が行われている。ゴラムによる、コウミマドラサの教育がかなり盛んな東部と、アリアマドラサが卓越している南部との比較研究においては、とりわけ東部チッタゴン地域のコウミマドラサで、これまで付け加えでしかなかった一般科目（特に英語）が、充実し始めていることを明らかにしている[16]。それらの理由については後述する。

　アリアにしてもコウミにしても、マドラサはイスラーム的意味や価値の発信源であるモスクに併設されることが多く、カリスマ性をもつモオラナやモオロビといった宗教関係職にある者がイスラーム教育を施す。このことで、子ども自身が宗教関係者となるだけではない。子弟をマドラサに通わせることで自らの宗教的義務を果たしたと考える親も多く、また、村内の浄財や中東移住者からの寄付金は毎年多額に集まる。イスラームを国教とし、その宗教原理にもとづいて国家運営を行っているバングラデシュでは、そうしたマドラサを、一応独立した宗教教育制度として認知し、普通教育制度と別体系を成立させているのである。1996年に政権党となった、比較的セキュラーな立場をとるアワミ・リーグがこうしたマドラサの制度を廃止する政策を発表したとき、国内の批判は予想以上に大きく、あわてて「マドラサの教育を近代化する[17]」とトーンダウンさせた経緯がある。これは現代においても、国民の意識の中に、マドラサの制度的正統性があったからだと理解できよう。

　大森は正統性を「教育などによる政治的社会化を通じて個人に注入された価値体系が権力の存在と行動を根拠づけうる範囲と程度[18]」だとしている。バングラデシュにおけるマドラサの正統性は以下の通り、両義的であるといえる。現代の村人たちは、マドラサに正統性を意識しているのみならず、イギリス植民地時代からのエリート養成のため、有力子弟を中心としていた学校教育制度にも、ある種の正統性を意識している。グローバリゼーションの進展によって、かなりの農村部でもテレビ、インターネットが普及し、外国の商品があふれ、黙っていても人々はグローバルな意味体系に触れ続け、現代的な意識に刺激が与えられる。これに対し、マドラサ、特にコウミマドラサは、常に個人の中にあるイスラーム意識に働きかけるべく、宗教関係職者

およびイスラームの素養を持つ人材を養成し、村の冠婚葬祭の席に足繁く参加し、ある場合には一般の人々にファトワーの宣告などを行い、プレゼンスの増大を図っている。コウミマドラサに学んだことは、無認可のため、公職にはつけないが、人々には認められており、企業やNGOなどでは雇われることが可能である。そのため宗教関係の仕事のみならず、一般の仕事に就く場合も多い。例えば、バングラデシュにはハッジというメッカへの巡礼を取り扱うような旅行会社が多くあるが、そこでは宗教的知識、アラビア語のみならず、国際公用語としての英語の素養も必要である。また出版、メディア関係でも、宗教に関する情報の解釈や、アラビア語メディアの情報を得る際に、コウミマドラサ人材は必要とされる。またラマダン（断食）などの時期に祈りをささげる際にもコウミマドラサでハフェズという資格を取得した人材が必要とされる。このようにバングラデシュでは、仕事や生活の様々な面でイスラームと関係づいている。ということは、コウミマドラサが向き合うバングラデシュ社会がグローバルな影響を受けて変化する以上、コウミマドラサの教育内容、あるいは運営のあり方さえも変化する必要性が出てきている。

写真　バングラデシュ最大のコウミマドラサであるハタザリマドラサにおけるボロ・フズール（校長）の講義。2000名以上の生徒が受講している。

先述のコウミマドラサにおける英語教育重視の傾向もそうした現象の表れではないだろうか。

3.　バングラデシュ農村部におけるムスリムネスとマドラサ

　では、ここでバングラデシュの85％を占める農村に目を向け、マドラサが人々にいかに選択されているのかをみていく。人々の生活に密接に関わっているマドラサを研究対象とする場合、その対象のみを取り出して描くことは、メディアがセンセーショナルに取り上げたマドラサ同様、描写の手法としては不十分と言わざるを得ない。今後のマドラサ研究ではマドラサがいかにプレゼンスの増大を図っているのかということに加え、人々がマドラサに対して、いかなる判断をしているのかを分析していくことが、すなわちマドラサの周囲の環境との関わりも描くことが求められる。例えば村人は、数人いる子どものうち、ある子どもは小学校に就学させているかもしれないし、ある子どもはマドラサかもしれない、また、ある子どもは中退し、卒業を待たずして農作業に従事しているかもしれない。一般に農村の世帯では、「うちはムスリムだから全員の子どもをマドラサに送る」といったような選択は宗教関係職者の世帯でない限り通常では考えにくい。数人の子どもがいれば一人を送る程度である。それも、宗教意識だけで通わせるわけではない。世俗の学校で成績がふるわないから、あるいは貧困ゆえの口減らし[19]である場合もある。仮に貧困で成績がよい子どもがいれば、多少余裕のある親戚に預けてでも普通学校のルートを歩ませることが多い。しかし、「なぜ子どもをマドラサに行かせたのか」というインタビューを行うと、「ムスリムの義務として」や、「親である自分が天国へ行くため」といった説明の論理がついてくる場合が多い。

　しかし一方で、9.11事件をはじめとする大規模なテロ事件や紛争は、個々人のムスリム意識を刺激し、選挙においてイスラーム原理主義政党が躍進するなどの大きな影響を与え、各地でヒンドゥー襲撃事件まで勃発する。そういった政治的な出来事のみならず日常生活の中でも、ことあるごとにイス

ラームは取り沙汰される。それはモスクなどの表象やイスラーム関連の言説に日々触れていたことに加え、マドラサやマクタブで、ムスリム意識の素地が涵養されていたことも原因の一つといえる。また、マドラサは地域の宗教的権威として、ファトワーを宣告したり、一日5回のナマジ（礼拝）を取り仕切るイマームなどがいるような場として扱われると同時に、その存在意義を常に発信したりしていかなければ、人々の意識は、テレビやインターネットのグローバルな情報に席巻されてしまうことになるだろう。

4. 住民とマドラサの関係性に関する村落レベルの地域間比較

　バングラデシュは、日本の4割の面積しかないにもかかわらず地方的特異性が高い国である。原が明らかにした東ベンガル地域における「社会の東西差」は以下のようなものである。「東部ではイスラーム教徒の割合が高い。それだけではなく、東部のイスラーム教徒には、俗にこの地方でワハービーといわれる原理主義的な人々の占める割合が多い。それに反し、西部のイスラーム教徒はヒンドゥー教との混交の進んだスーフィー的なイスラーム教徒である[20]。」ここでいう東とは、東南部のチッタゴン県、コミラ県、ノアカリ県などを指し、西とはラジシャヒ県などの西北部を指す（地図参照）。

　西から東へ移動すると、男性の白い服装が目立ち、女性の他人に対する態度が全く異なるなど、確かに「違う」ことは実感としてある。ただし、イスラーム教育、とりわけデーオバンド系コウミマドラサは全国への展開を続けている。競争が激しくなった東部を避け、これまであまりコウミマドラサがみられなかった西部にも展開してきている。そのため、イスラーム化は、これまで手薄であった西部でこそ進行していると考えられる。

　筆者は、地図に示す4村において、1990年代に国家的に力を入れた学校教育拡充施策の結果、農村部で学校教育制度を村人はどれだけ受容したのか、ということについて1999年から長期研究を継続している。学校教育拡充政策は、学校に行けば小麦を配給したり、女子の中等教育進学者に対して奨学金を提供したりしたため、僻地農村に至るまで非常にインパクトが強く、こ

地図　バングラデシュにおける調査対象村の位置

れまで学校教育になじみがなかったような僻地貧困層の子どもたちも学校に
誘引するような力があった。こうした大規模なインパクトは、マドラサにも
影響を及ぼしていた。なぜなら、同じ村内で小学校が次々に増えれば、村内
あるいは近隣地域に最低一校あるマドラサでは、生徒の流出や、新たな生徒
が確保できないリスクが生じたからである。人口抑制政策も同時に機能し始
めた 90 年代では、なおさら危機を感じるような状況にあるのではないかと
推測できた。

4.1 マドラサが廃校寸前の状態に陥った西部の二村

廃校寸前になった後、立て直したマドラサ

西部メヘルプール県にあるK村は、バングラデシュ西端に位置しており、最僻地的性格を有している。貨幣経済も浸透してはいるものの、まだ米その他の穀物や野菜などと物々交換をする物品経済も盛んである。リキシャで1時間、それからバスで20分のところにガンニという「まち」があるが、これといった産業もなく、村に住む公務員や教師が仕事で赴いたりするのみである。たとえば農作物を売り歩く行商人は、農作物の自家消費率が大変高い。村内には1世帯のみヒンドゥーが住んでいるだけで、居住者のほとんどがムスリムであるが、ヒンドゥーの生活様式が色濃く残っており[21]、あるいくつかの集落ではムスリムでありながらもほとんど全世帯が生業を同じくし、かつ姓も集落内ではほとんど同じ、というヒンドゥー的職階制ジャット (jat)[22] を残してもいる[23]。また、イスラームの土地相続システムを適用するものの、いったんは形式的に相続し、その後兄弟姉妹の間で金品などによる調整をし、実質的には土地が長子相続になるようである。この地方の地誌を記述した District Gazetter によると、もともとK村が属していたメヘルプールとの分割前のクシュティアは、ノディア県の一部であった。ここはヒンドゥー文化が卓越している地域である[24]。もともとムスリムかヒンドゥーかについて、この村では、さほどはっきりさせることを迫られなかったが、1947年の印パ分離独立の際、はっきりさせざるを得なくなった。そこで各家族や一族を率いる家長的存在が「ムスリムでいく」ことを決めたらしい。一族はそれに従ったものの、一部の熱心な信者を除いてはそれまで通りの生活を送ってきたため、こうした状況になったと現地ではいわれている。

またこの村では、過去にワハーブ運動が勃興したこともなかった[25]。村内にあるアリアマドラサの教師も白を基調としたパンジャビ（イスラームの法衣）ではなく、カッターシャツにスラックスという出で立ちが多く、マドラサ教員の呼び名も東部でよく用いられる「フズール」（閣下などという意味）ではなく[26]、「○○サー」と呼ばせていた。また細かい部分では、一日5回が基本とされているナマジは、この村では、よほど宗教意識の高い者だけ、ある

いは、休日である金曜日のみにモスクへ行って一度だけということが多く、通常、ほとんどの村人はナマジを行わない。また、女性の位置づけも東部2村とは異なり、ヴェールで顔や身体を覆ったり、外部者との接触を忌避したりするということもない。村内での外出時にブルカを着ることもほとんどなく、女性へのインタビューなども比較的容易な状況である。

　この地方の *District Gazetter* で言及されているマドラサについて、1947-48年の調査によれば、ノディア県内には5校のマドラサしかなかった。1954-55年の調査では旧制度における高等マドラサ、中等マドラサが1校ずつ、そして2校の初等マドラサがあり、合計で2,250人の生徒が学んでいたという。1965-66年の調査では、高等マドラサ、ダキルマドラサが3校ずつ、そして新制度の初等マドラサ1校、および初等ハフェズマドラサ10校、合計の生徒数は2,243人であった[27]。この記述からは、47年の印パ分離独立後、10年ほど、ムスリムのための宗教学校であるマドラサの数そのものはわずかに増加していることを示すが、学ぶ生徒の数にさして変化はないことがわかる。

　K村には、歴史は浅い（1974年設立、80年政府認可）が、アリアマドラサ1校があり、300人程度の生徒が学んでいる。基本的にはベンガル語による授業で、アラビア語は外国語として学び、英語も学ぶ。およそ8割は一般教科であり、2割をイスラームの内容を学ぶことになっている（2007年からは、ほぼ普通の教育内容を担保するようになっている）。1990年代の初等教育拡充政策は、このマドラサに大打撃を与えた。90年代前半までは、近隣住民が「学校よりもマドラサの方が近いから」という理由で、またあるいは宗教心から、あるいは一部の貧困層がマドラサに子弟を通わせていたため、比較的一定数の生徒を集めていた。しかし、Food for Education（FFE）という、一定日数学校へ通えば小麦を配給する政策が開始されたとたんに、マドラサ生徒は小学校に流出していったのである。こうした状況にマドラサも服を配布して対抗したが、その傾向は止まらず、一時はわずか3人にまで生徒が減り、最終的には廃校まで考えるようになったという。政府は後にFFEをアリアマドラサにも適用したため、生徒数は多少持ち直した。マドラサの教師たちは地域住民

からマドラサ教師という以上の意味は付与されておらず、また、マドラサの教師であっても、あくまで「職を得るため」にマドラサ教師になる者もいた。

　村人が徐々に学校教育の重要性に気づき始め、生徒がマドラサから小学校へと流出し、廃校寸前になった後、このアリアマドラサは、校舎のリニューアル、教員配置の見直し、一般教科の教師を外部委託するなどしてコスト削減を図り、徐々に生徒も増えた。2019 年には 293 名の生徒が在籍し、多少の増減はあるものの、落ち着いている。教育の質は、普通の学校に比べると低いといわざるを得ず、2016 年の前期中等教育修了試験 (SSC) の合格率が 38.9% と悪いため、政府から注意を受けている。つまりアリアマドラサは、公教育の枠組みのもと、政府の管理下にある。

コウミマドラサの進出

　しかし 2019 年に K 村を訪れた際には、2011 年にコウミマドラサが進出してきたことが明らかとなった。コウミマドラサの校長は、チッタゴン県、つまり東部のコウミマドラサの出身で、メヘルプール県にダウラ・ハディスまで学べるコウミマドラサが無いことから、この地域で設立を決意したという。開校当時、37 名であった生徒数は 2019 年で 67 名にまで増加している。それでも 2012 年に、近隣に別のコウミマドラサができて生徒が離れたという。生徒側が払う費用は、入学金 500 タカ (700-800 円程度)、そして月の生活費用 1300 タカ (2000 円程度) だという。あとはワズ・マフィルというマドラサ主催の祭りで寄付を募り運営費 80 万 -90 万タカ (120-140 万円) というバングラデシュにしては巨額の金を集めるという。ワズ・マフィルでは、マドラサの運営資金についての話をし、寄付によって天国に近づくこと、また、死後の世界への準備をすべきことなどを話す。

　こうした取り組みによって、コウミマドラサ側は人々のムスリムネスに働きかけ、それをより強化する方向へもっていこうとしていると考えられる。東部では比較的ありふれた光景であるが、それがこれまでなされてこなかった西部では、相対的にインパクトは強い。

4.2　マドラサの廃校と再出発

　バングラデシュ西部のラジシャヒ県に位置するB村は、近くにあるラジシャヒ市というバングラデシュ第三の都市からバスで30分ほどの場所にある。ラジシャヒからの経済的影響は大きく、多くの人々がラジシャヒ市と行き来をしている。この村の属しているプティア郡は91年のデータで、村の数185村、人口184,833人（男94,750人、女90,083人）、宗教的内訳はムスリムが147,321人、ヒンドゥーが10,376人、キリスト教徒431人、仏教徒3人となっていた[28]。ヒンドゥーは印パ分離から60年近く経った現在、6.5%ほどになっているが、B村をみてみると、ムスリム2,312人（493世帯）とヒンドゥー700人（135世帯）というように、23%がヒンドゥーとなっており、本章における調査対象4村のうち最もヒンドゥーとムスリムの混住率が高い。またこのB村のあるプティアタナは、後に述べるとおり、プティア王がいた名残であるヒンドゥーの寺院とラズバリ（王の家）があることで有名であるが、文化的にもヒンドゥー文化との混淆度が強い地域である。

　近郊農村ということもあり、学校教育への依存度の方が高いことは容易に推測できた。インタビュー結果をみてもこの村では、東部2村に比較して、マクタブに行かせる段階から、「マドラサへ」という選択は少なく、行かせる場合でも、「遠かったので途中でやめてしまった」などの回答がある。特に将来、マドラサに入学させたいと思っている場合や、あるいは親がマドラサ出身で、宗教的な意識を特にもつ場合を除けば、マクタブへは通わせないほうが一般的である。この村のプティア・ダキルマドラサは、最初のスタートが実質的には1962年であるらしいが、公式には1995年に設立となっている。その前身はマクタブであり、67年までマクタブとして運営された後、68年、正式なアリアマドラサとして「スクール」化されスタートした。しかし、生徒数が減少の一途をたどったため、92年に一旦閉鎖に追い込まれてしまった。その後、体勢を立て直して95年、新たにマドラサをスタートさせ、98年に政府に登録し、9割程度の教員給与が支給されるようになったという。生徒数は95年には150人程度であったのが、現在は251人であり徐々に増加傾向にあるという。しかし、それはむしろ世俗的な側面が住民に評価

された結果であるように思えた。以下で校長のインタビュー結果である。

　プティア・ダキルマドラサ校長
　「この地域の人々は、ここには良いマドラサが無いと思っています。その人々の理解を得て、生徒数を増やすためには、少しでも近代化に対応していかなければなりません。それは、政府が定めた学位にきちんとつなげること、そしてマドラサを卒業したってきちんと就職はできるんだ、ということを示すことです。」

　筆者
　「では普通の学校を建てて示せばよいのではないですか？」

　校長
　「そうですが、このマドラサは宗教的な意識をもつ人々の寄付によって建設されていますから、単純に学校教育で、というわけにはいきません。むしろ、普通教育に加え、宗教的内容をも学べるというのがここの利点なのです。」

　つまり、この村では宗教教育就学は、住民にとってはあくまで選択肢の一つであり、「マドラサでは宗教も学べる」という、ある種の特色をだすことによって生徒増を図っているのである。

　アリアマドラサはそうした傾向にあるが、一方、この村の近辺では90年代を通じて、デーオバンド系のコウミマドラサも3校から5校へと増加した。生徒数は3-40名程度と、一校ずつは少ないものの、村人たちからの寄付と、イードの大祭のときに集める牛皮が運営の資金源となっている。

　こうしてみると、東部のイスラーム教育が盛んな場所から、イスラーム教育のデベロッパーとしてのコウミマドラサが西部に進出してきていることが伺える。こうした場合、日常生活レベルで、ムスリム男性の服装であるパンジャビの着用、また口ひげを蓄えるなどムスリムとしてのふるまいを実践す

ることが多くなることが予想される。また、どうなるか未知数であるが、前述した2000年ごろの比較的ゆるやかな女性のあり方は、東部のように厳格化していくのか観察が必要である。他国ではあるが、モルディブでは、緩やかであった女性の規範が、政治的な理由でサラフィー化が進み、徐々に女性のムスリムネスは強くなる傾向にあり、筆者のもとに来るムスリムの留学生も、かなりグローバルな情報に触れているにもかかわらず、彼らのムスリムネスは年々強くなってきている。

　本項で明らかにしたのは、それまでコウミマドラサがない場所には、競争相手が少ない分、全く違った文脈で教育を行っているコウミマドラサを設立する余地があり、実際に新設されていたことである。そこから敷衍されるのは、宗教関係職のみならず、一般社会にもコウミマドラサ修了生が出ていくことで、西部社会のイスラーム化が進む可能性がある、というダイナミズムの存在であろう。東西で生活様式が異なってはいても、やはりムスリムであり、マドラサの新設に異論が出ることはなく、土地を寄進してもらえるなどのメリットもある。むろん学校教育進展の影響は大きく、アリアマドラサさえも一時は存亡の危機に立った。しかし、アリアマドラサはそこから経営を立て直すとともに、コウミマドラサも新設あるいは増加した。新設や増加したことが「改革」といえるか議論もあるだろう。しかし、コウミマドラサ権威の立場に立って考えてみると、例えばデーオバンドならその学びをくみ取ったコウミマドラサ教師が、イスラーム教育を必要とする地域に、デーオバンドの学びを伝えるチャネルを持つということになるわけだから、地域も丸ごと含めた形でのイスラーム教育改革といえるのではないだろうか。

　こうした動きの淵源には東部、とりわけチッタゴン県にあるバングラデシュ最大のコウミマドラサで、国内のコウミマドラサをリードしているハタザリ・マドラサの動きを見ていく必要があるが、その前に以下では、東部で近年何が起こってきたのかを見ていきたい。

4.3 マドラサを擁護した東部二村

むしろ生徒数が増加したマドラサ

S村の位置するブラフモンバリア県という名前はヒンドゥー教を想起させるし、過去にヒンドゥー教の影響を受けたことも事実であるが、1947年の印パ分離以降この地域に居住していたヒンドゥー教徒のほとんどがインドに移住したこともあり、実際はムスリムがほとんどの割合を占めるようになっている。また復古主義的イスラーム信仰の根強い地域であり[29]、インドとの国際関係を反映し、ムスリムによるヒンドゥー襲撃事件などが頻発する。2000年代初等におけるイスラーム教育の特徴として、コジバ郡内では60数校ともいわれる国内ではきわめて高い密度でコウミマドラサが存在していた。

S村の生活形態は職業構造、作物自給率からみても僻地村落型の生活形態となっており、かなりの住民が農業または農業関連産業に携わることによる村落経済が成立している。また、この村からはブラフモンバリア市がローカルバスで90分の圏内にあるものの、大規模な経済圏をもっているわけではなく、ある程度まとまった現金収入にアクセスしようとすればダッカあるいは中東方面への出稼ぎとなってくる。実際にライフコース観のインタビューで、「将来は出稼ぎをさせたい」と答えている親や、自身が出稼ぎ経験をもつ世帯主も少なからずおり、この村がリモートな地域であることを窺わせ、域内循環型の農村経済が成立しているといえる。もしまとまった現金収入にアクセスしようとおもえば、上記のように村内あるいは近隣の政府機関や学校への就職でもしない限り、主に国内外への出稼ぎが中心となる。

S村にも、90年代における初等教育拡充政策の影響は及んだ。K村ではアリアマドラサの生徒が流出したわけであるが、ここではコウミマドラサがあり、生徒の数は年を追うごとに増加し、1998年には校舎を増設したのであった。通常、農村ではカレッジ(高校相当)が広大な敷地を持つことが多く、S村にも1969年以来の比較的規模の大きなカレッジが存在し、かなり広い敷地を有している。しかし、マドラサも同じ程度の敷地を有し、しかも生徒数はカレッジが1,200名(教師一人あたりの生徒数は46人)であるのに対しマドラサは535名(教師一人あたりの生徒数は29人)であることから、遙かにカレッジ

のもつスペックを凌いでいる。アリアマドラサに比べて、コウミマドラサは、極めて独特な運営形態と強い権威をもっているため、後に比較するためにも詳細に述べておくことにする。

　1927年に設立されたS村のマドラサは正式名称をS・サニ・ユヌシア・ジャルル・ウルム・マドラサといい、デーオバンド系のコウミマドラサである。2001年における調査内容から以下記述していく。政府からの援助は全く受けておらず、独自のカリキュラムによって授業は進められる。この、通常の教育課程[30]に加え、クルアーン暗唱のみに重点を置いたハフェズ (*hafez*) コース[31] (年数は決まっておらず、クルアーンの文言に加え抑揚、発音の全てを朗誦し、試験に合格したら卒業。平均は3年程度)、クルアーンの基本的なことのみを学ぶヌラニシッカ (*nurani shikkha*) コース、そして就学前教育として位置づけられているマクタブ (*maktab*) という計四つのコースが設定されている。教師数は校長もふくめて18名、生徒数は通常マドラサ教育課程が250名、ハフェズが45名、ヌラニシッカが90名、マクタブが約150名で生徒総在籍者数は535名である。給料は校長が3,750タカ (日本円で約8,200 − 8,300円)、その他の教師たちは3,200タカ (約7,000円)、これは政府立小学校のレベルから言えば60%程度であるが、マドラサでは教師たちも寄宿舎に住んでおり食事も共同であることを考えれば決して安い給料ではないといえる。生徒の授業料は無料であるが、年に数回は寄付を募るために村内を回るということであった。

　運営の財源は、①村内外からの寄付金 (年間約48,000タカ：2000年のレートで約106,000円) ②中東に移住した卒業生からの寄付 (年間約50,000タカ：約110,000円) ③マドラサ所有の二つの池のリース料 (年間約135,000タカ：約297,000円) ④コルバニ・イード (犠牲祭) やロジャ・イード (断食明けの祭) の際に村人から寄せられる牛皮革の換金分 (年間約100,000 − 250,000タカ：約220,000 − 550,000円) ⑤村内から寄せられる寄付米 (マドラサ教師と生徒で消費) というように五つに分かれており、独立採算でこれだけの財源を確保できるのは村内外からの支持を集めているからこそであろう。また、マドラサは寄宿制であるが、村内居住者は家庭から通う者が多いため寄宿しているのは535名中240名 (マドラ

サ教育課程 100 名、ハフェズ 45 名、ヌラニシッカ 90 名)である。日頃は教室で寝泊まりし、午前 5 時になったらマドラサ併設のモスクからアザーン(礼拝時間を告知するための呼びかけ)が流れ、布団をたたみモスクに礼拝に行く。それから食事をし、6 時半には授業が始まる。当然のことながら一日 5 回のナマジは欠かさず行われ、近隣の村人もコウミマドラサのモスクで生徒と一緒に礼拝する。

カリキュラムは約 70％が宗教的な内容であるが、S 村では実質は 80％以上が宗教的な内容である。国語、数学、英語といった一般科目は 11 年ある教育課程のうち 4 年まで設定されているが、実質は 3 年までで 4 年になるとほとんど実施されない。あとは全て宗教的な内容で、アラビア語、ペルシャ語、ウルドゥー語を習得しながら、かつそれら三つの言葉を教授用語としてクルアーンの文法、イスラームの歴史、ムスリムの取るべき態度などといった宗教の諸科目を学んでいくというものである。

以上のように、S 村のマドラサは、4 村のなかでも際だった形で充実が図られており、また村人の尊敬も集めている。それは単に観念的なものだけではないことは、イードの際に寄付される牛皮革や米などが 500 名規模のマドラサを支えるに充分であることからも推察できる。またこのマドラサの校長はモオラナであるが、信仰心篤い村人たちにとっては、マドラサがデーオバンド系であるにもかかわらずピール(聖者)という位置づけがなされており、村内の信望を集めている。

以上のように数量データおよび村内での聞き取り結果などをみる限りは、この村のコウミマドラサが小学校の隆盛にかかわらず、強力な正統性を保持し続けているというようにみえる。しかし、一方で、小学校も増加してきており、初等教育拡充政策の影響が「直撃」した K 村と住民意識の上でも符合することは多い。また、マドラサの側では、マドラサの「近代化」といわれて、政府の提供するカリキュラムとの混合が促進されている一連の流れを警戒してもいる。しかしこうした隆盛を保っていられる原因はなんであろうか。

まず、特色あるイスラーム教育によって村外部からの学生をも集めていることがあげられる。次に、K 村にはあった NGO が村内どころか郡内にも一

つも存在せず、外部の価値がさほど流入しないこと。そして、寄宿舎があり、大学院相当の教育まで無償で受けられるため、貧困層で、俗なる権力にアクセスできない者が聖なる権力を身につけようとする人々を受け止められ、かつ将来、宗教関係者になることは、「宗教経済」のウエイトが大きいこの県では、現実的選択であることも要因の一つであろう。

また、郡内では、近年、コウミマドラサが増設されてきており、その数は1999年に30数校であったものが2003年で66校になったといわれている[32]。この増加は自然増なのか意図的な増加なのか判断は付きかねるが、小学校の増加に対応するような対抗的増加であると理解できはしないだろうか。また、高田が詳細な調査をしたフォトワバジもときどき宣告されるとのことであり、かつ、NGOがこの村には全く存在しない[33]という事実とも考えあわせると、この地域においては、宗教的権威の側と初等教育制度を普及する側との間には葛藤があることも指摘できる。

上記の状況は、筆者による2013年の調査時でも変わらず続いており、村内のコウミマドラサ生徒数の変化はあまりなかった。しかし、2010年に女子のコウミマドラサが開校されており、4名の教師と60名の女子が、まだ小さな校舎で学んでいた。やはりデーオバンド系のマドラサで、未だに試行錯誤が続いているというが、生徒は増加傾向にあるという。前節では、コウミマドラサの進出があまりなされていなかった西部に進出してきていることが明らかになったが、本項では、これまでさほど開発が進んでいなかった女子教育の面でもコウミマドラサがカバーし始めていることが明らかになった。

近代教育と共存を図ったマドラサ

　G村は、バングラデシュ第二の都市チッタゴン市から、バスで40〜50分の距離である。

　チッタゴン県はムガル帝国の時代にはイスラーマーバードとよばれたほど、この村はイスラームの価値観が強く保持されており、イスラームの規範が日常生活から土地相続に至るまで強く適用されている。そして、そうした規範はこの村およびその周辺の社会や文化を形成している。教育に関しては、村

内にもカレッジに相当するアリアマドラサが存在し、また近隣のハタザリ郡にはバングラデシュ随一のコウミマドラサがある。

　またこの村は 1960 年代から 70 年代にかけてかなり工業発展が進んだところで、現在はダッカと並ぶ輸出加工区として、日本や欧米の縫製工場、化学工場などが安価な労働力を求めて進出してきている。工場労働者には一定程度の学歴（少なくとも前期中等教育修了試験（SSC））が要求されるため、もともと教育程度の高い村としていわれていた[34]G 村はそうした労働力の供給源としてかなりチッタゴンとのインターアクションがあった。

　このような近郊農村という位置づけもあって、初等教育発展が問題となっているバングラデシュの中にあっては、EFA などと叫ばれる以前から、比較的早期に、学校教育が発展してきた。

　その要因として考えられる第一は、現金収入の重要性である。イスラーム均分相続法のもとでは、長子相続によって広大な土地が保持されるわけではないので、ある世代で広大な土地を所有することがあったとしても、世代を経るごとにその土地は細分化していき、数世代後にはもともとの土地は、耕作しても僅かな生産しかできないごく狭い土地に分割されてしまうことになる。

　もともとワハーブ運動はヒンドゥーの地主に対するムスリム農民の農民運動という性格も帯びていたため、この地域では厳格に適用すればするほど、土地は細分化が激しくなっていくと考えられる。そのため、個人はそこで米などの穀物を生産したとしても、自家消費にまわすが、それも多くの場合、短期間のうちに消費してしまう量であり、生活の多くを現金収入に頼らざるをえない。しかし、上記のような半農村という状況では、本格的な農業労働の雇用はほとんど無く、農業にかかわる農村雑業層も発達しにくくなる。そのため、積極的に出稼ぎや工場労働などの現金収入を求めていくことになり、その条件として最低限の教育を受けていることが必要となってくる。こうしたイスラーム文化に規定された条件が第一にあったため、初等教育制度が未発達な昔でも教育の程度を上げようとする住民の意識が働いていたのではないだろうか。そのため、前出の B 村になぞらえて考えれば、マドラサが廃

校かそれに近い状態になるはずである。しかし、ここではそうならないよう
なシステムが成立していた。以下でそれを説明しよう。

　この村のマドラサには幹線道路沿いに建てられた比較的規模の大きい GF.
K マドラサと村の比較的奥まった場所に建てられたガウシア　モニア　マド
ラサ、ソイヨド　ボドゥルネサ　KG マドラサがある。

　まず、GF. K マドラサの説明を行っておく。このマドラサが設立されたの
は 1938 年で、41 年に政府登録されている。それはすなわちアリアマドラサ
であることを意味するが、このマドラサはハフェズコースと低学年のケラッ
トコースを別に設定するという独自の運営形態をもつ。また、生徒数はイ
ブティディエーからカミルまでで 820 人を数える巨大なマドラサである。資
金は 90％の教員給与が政府から支払われるが、独自の資金調達方式として、
教員を毎年一人アブダビに送り、現地のバングラデシュ移民のネットワーク
を使って 25 万タカもの資金を集めてくる。また、具体的な金額は把握でき
なかったが村人からの寄付金も多く寄せられるという。建前上は政府の援助
を受けるため、アリアマドラサの形態であるが、ハフェズコースも併設し、
コウミマドラサ的な要素も持ち合わせているマドラサなのである。むろんカ
リキュラムもアラビア語で書かれており、寄宿舎も完備している。一方、ガ
ウシア　モニア　マドラサ、ソイヨド　ボドゥルネサ　KG マドラサは GF.
K マドラサに比べて、歴史が浅いため、比較できないくらいに小規模であり、
生徒数も少なく（それぞれ 82 人、85 人）、資金も潤沢とはいえない。さらには
建物も大変粗末な作りである。また、KG マドラサは生徒から 20 タカ／月
の授業料を徴収しており、生徒たちにとってあまり良い環境ではないようで
あるが、生徒は増加傾向にあるという。しかも、この近くのドッキン G カ
ンシャへ政府立小学校における校長からのインタビューによれば、「現在は
生徒が減少傾向にあります。理由はマドラサに流れているからです。しかも
無償の小学校ではなく、月に 20 タカ支払わなければならないマドラサに行
くのはやはり宗教心からくるものでしょう」という嘆息が聞かれた。こうし
た新設のマドラサが繁盛する理由は、やはり村人がマドラサにたいして尊敬
の念を持っており、マドラサを支えようとするシステムができているからで

はないか、と考えられた。しかし、現金収入への依存度が大変高い地域であり、なおかつ、皆が宗教関係職につけるわけではないマドラサになぜ生徒が、「逆流」するのであろうか。

この村の子ども達の多くは、小学校就学以前にマクタブへ行き、その際の教師はマドラサ生徒が務めていることがほとんどである。また、この村で意外に多いのはマドラサ生徒を居候させるか、一定金額を支払い、家庭教師で、一般教科の内容と、クルアーンやハディースの教えなど宗教的な内容を同時に教えさせるやり方である。この方式でマドラサ生徒を居候させている世帯は少なくない。こうした「経済」は、貧困層子弟がマドラサに送ることの合理性を生み出している。また、マドラサの側でも中東とのつながりを強化し、コースをいくつも用意するなど、住民のイスラームに対するニーズに積極的に応えようとしている。また、EFA が叫ばれる 90 年代以前から学校教育の構築に力を入れてきた同村では、マドラサが比較的早期にそれらへの対応を行っていた。

上記は、2001 年における調査で明らかになった部分であったが、その 10 年後である 2011 年に調査したところでは、一つの新しい傾向が確認された。それは、小人数ではあるが、コウミマドラサの生徒がアリアマドラサに、修了証を取得するために重複して在籍する動きが確認されたことである。コウミマドラサの生徒たちも、宗教界においてのみ通用する修了証のみならず、世俗の修了証を取得することで、一般社会において就業、あるいは普通の学校コースに進学する可能性を高めようとする動きである。コウミとアリアの単位互換や、重複した在籍は制度上、できないことになっているが、アリアの方は、登録人数が増えればそれだけ運営基盤も安定することから、受け入れるようになってきているという。この地域ではそうした、学校、アリアマドラサ、コウミマドラサの共存関係が進展してきている。

おわりに

本章では、前半部では主にマドラサの概論的説明を行い、後半部でバング

ラデシュのマドラサをケースに、フィールドレベルにおける、マドラサの機能や存在意義についての多様性描写を「ムラ」というきわめて小さい単位の地域間比較によって行った。

　その結果として、近年においては、マドラサだというだけで学生が集まることもなければ、牧歌的な雰囲気で営まれているわけでもなく、水面下で生徒あるいは親をはじめとする村人たちのニーズに応え、常に改革をし続けなければならない実情が浮き彫りとなった。また、西部二村のケースでみたように、アリアマドラサは、教育機関として、生徒たちに対して積極的にライフコースビジョンを提示していかなければ廃校もあり得ることがわかった。比較的へき地に位置づいているK村で、アリアマドラサは、一度は運営に失敗したが、経営を盛り返し、B村では、廃校した後、ニッチ産業として再出発し、たゆまぬ経営努力を行った結果、生徒増に結びつけている。

　東部のS村では、女子教育というライフコースビジョンの提示であり、寄宿舎や大学院レベルまで無償で受けられるという特色は、生徒を集めるに十分な魅力であった。実際に、ブラフモンバリア県では「宗教経済」がかなりのウエイトを占め、宗教関係職者はさほど高くはないまでも、将来の仕事としては現実的なものである。また、やはり東部に位置するG村でも、同様にマドラサがその存在意義を模索して、生徒が家庭教師として機能するようなシステムを作り上げ、マドラサ進学が合理的なものである状況を作り出すことに成功していた[35]。

　以上をまとめると、コウミマドラサの改革傾向について、3点が指摘できよう。一つ目が、シンプルではあるが校数が増加しているという事実である。その仕組みは、コウミマドラサ修了生が、新たなコウミマドラサを建てるからであるが、それぞれのコウミマドラサが生徒を「集客」するためには、英語を教えたり、アリアマドラサで修了証をとることを認めたりするなどといった、世俗の学びにも配慮するような経営のあり方が必要となってきている。また、女子や西部の、これまでコウミマドラサがカバーできていなかった部分に分け入っていくことで、約10年のうちに1万校から2万校という増加のあり方が可能になっているといえる。こうしたコウミマドラサの開拓・

経営努力がなければ達成されなかったに違いない。また増加傾向は、イスラーム教育に関する多くのチャネルを作るという点で、改革そのものであるといえる。

　二点目に、内容的な面で、一般科目、特に英語の時間増、アリアマドラサや、普通校から教員を借りてきて教育の質を改善するなど、内容面での改革が進んだ。また、これは国全体かはわからないが、調査対象コウミマドラサの中には宗教科目においても、中等レベルに入ったらそれまで暗唱のみであった内容から、議論する部分をとりいれるようになってきてもいる。こうした教育内容の深化は、一旦マドラサを離れた顧客たちを呼び戻し、マドラサの増加につながっている。また、イスラームの知識を流通させるチャネルであるマドラサにおいて、宗教的知識のみならず、英語や数学などの実用的な科目も教える「改革」となった。

　三点目に、学校、アリアマドラサ、コウミマドラサといった教育機関間、またマドラサと社会とにおける、イスラーム人材の循環が図られている点である。コウミマドラサは、学校から教員を借用し、一般科目を教えさせ、アリアマドラサはコウミマドラサの生徒を受け入れ、認可された修了証取得を行わせている。コウミマドラサは、そうした人材循環を通じて、教育や運営の質を変容させ、教育市場の中で生き残ろうとしており、またそうしたことは、決してイスラームを希釈しているわけではなく、むしろ、コウミマドラサにおいて創造された、時代に合わせたムスリムネスを教え、人々のムスリムらしさを強化する方向性を指向しているといえる。

　本章で表されたのは、顧客化した教育の受け手に合わせて、改革していかなければならない、改革させられていくコウミマドラサである一方、独自性を失わないための戦略でもあった。

注

1　日下部達哉 (2009)「バングラデシュ農村のマドラサ」早稲田大学イスラーム地域研究機構編『イスラーム地域研究ジャーナル』Vol.1、pp.23-36.

2　南出和余 (2003)「バングラデシュ初等教育の歴史」『遡河』14 号、pp.39-54 所収、

pp.39-42.

3 例えば、パートシャーラーのグル（指導者）に対して、教育訓練を行い、その訓練が終了したグルがいる場合にのみ運営のための補助金を出す、といったような基準であり、伝統部門を近代部門にシフトさせる形がとられた。

4 Muhammad Qasim Zaman（2007）"Tradition and Authority in Deobandi Madrasas of South Asia" in Robert W. Hefner and Muhammad Qasim Zaman, *Schooling Islam- The Culture and Politics of Modern Muslim Education*, Princeton University Press, pp.63-65.

5 *Ibid*, p.63.

6 *Ibid*, pp.63-64.

7 *Ibid*, pp.62-63.

8 2007年12月から2008年1月にかけて行ったパキスタン、ラホールにある巨大なマドラサ、ジャミア・シェルフィアの調査では、インドをはじめとし、バングラデシュ、中国などからも留学生がきたらしいが、9.11事件後のマドラサをめぐる情勢悪化によってかなりの留学生たちが国に帰ったということであった。

9 例えば、パキスタンで軍政を最初に敷いたアユーブ・カーン大統領は、マドラサにウルドゥー語と英語の国定教科書導入を試みている。マドラサ内での英語学習についてはウラマーたちの強い反発にあった。

10 マイヤーとラミレスによる概念で、世界規模で同じような教科が学ばれており、特定の科目に対して割り当てられたカリキュラムの消化時間も多くは同程度で、科学や数学には一つの世界的トレンドが見られるのを明らかにし、このことを教育の世界的制度化と呼んだ。詳細は以下の文献を参照のこと。

　Mayer, Jhon W. & Ramirez, Francisco O.（2000）"The World Institutionalization of Education",in Jurgen Schriewer（ed）*Discource Formation in Comparative Education*, Peter Lang pp.112-132.

11 Fariba, Adelkhah（2008）"The Madrasas in Kabul: How to Assess the Religious beyond Stereotypes?". Yamane, So（2008）"Establishment of Madrasas and Transformation of Tribal Leadership in Pakistan". 2008年9月23日、NIHUプログラム「イスラーム地域研究」早稲田拠点・グループ2「マドラサ研究班」研究会「アジアのマドラサ：急増とその背景」発表資料。

12 高田によってファトワー宣告とNGOに関する興味深い仮説が提示されている。詳細は以下を参照のこと。

　高田峰夫（2006）『バングラデシュ民衆社会のムスリム意識の変動－デシュとイスラーム』明石書店、pp.389-421.

13 Bangladesh Breau of Educational Information and Statistics（BANBEIS）（2002）*Statistical Profile on Education in Bangladesh*, p.49.

14 この 20000 校という数値は、2019 年 10 月 2 日にバングラデシュ最大のマドラサであるハタザリ・マドラサにおいて行われたインタビューから得たものである。

15 S 村のコウミマドラサでみられたカリキュラムは、アラビア語、ペルシャ語、ウルドゥー語の文法を習得しながら、かつそれら三つの言葉を教授用語としてクルアーンの文法、イスラームの歴史、ムスリムの取るべき態度などといった科目を学んでいくというものであった。

16 Golam, Azam（2020）*A study on Reformation Process of Qawmi Madrasas in Bangladesh: Focus on English Subject*, Hiroshima University Doctoral Dissertation, pp.124-130.（未公刊博士論文）

17 ユネスコの立場からもこうした宗教教育の近代化が提唱されている。バングラデシュに関しては以下を参照のこと。

　　UNESCO Principal Regional Office for Asia and the Pacific, *Education for All 2000 Assessment Country Report Bangladesh*, UNESCO Bangkok, 2000, pp.9-13.

18 大森彌（1994）「正統性」『社会学事典』弘文堂、pp.535-536.

19 コウミマドラサに付属している寄宿舎は宿泊費用も食事の費用もたいていの場合無償である。徴収したとしても数タカから数十タカ程度であり、貧困世帯からはそれも支払われない場合が多い。

20 原忠彦（1990）「東ベンガルの東と西」伊藤亜人ほか著『民族文化の世界（下）社会の結合と動態』小学館、pp.93-118.

21 Ashraf Siddiqui（1976）*Bangladesh District Gazetteers Kushtia*, Ministry of Cabinet Affairs Establishment Division, p.161.

22 ベンガル語におけるジャットとは、職業の世襲、血縁関係の保持、we-feeling（仲間意識）といった意識をもった人々の集団で、ヒンディーでジャーティーと表現されているものとほぼ同一のものである。その内実も、ヒンドゥー職能カーストと同様のものであるといえる。インド在住のムスリムたちの間でも、「コウム」「ザート」とよばれる集団は、ジャーティーに匹敵しているが、これらは 13-14 世紀頃から、農村に住む、ヒンドゥーから改宗したムスリムがイスラーム文化を摂取し、混淆的な文化を形成していく中で、今日まで残ってきた制度である。ただし、このジャットは、近年の教育普及や近代化に伴い、生業を確保し、生活を保障しうる集団としての側面が失われてきたため、代々行ってきた職業受け継ぐ例は少なくなってきている。

23 農村部住民のジャット意識に関する詳細な考察を、モクレスル・ラフマンと筆

者が K 村の現地調査をもとに行っている。

　　モクレスル・ラフマン　日下部達哉 (2005)「バングラデシュにおける教育普及に伴うジャット意識の変化－メヘルプール県ガンニ郡 K 村の事例－」『九州教育学会紀要』第 33 巻、pp.133-140.

24　Ashraf Siddiqui,*Op.cit.*,p.161.

25　筆者は、調査の帰りがけによく中学校の敷地でバレーボールの仲間にいれてもらって遊んでいたが、そこでは村のモオラナが白のパンジャビ (イスラームの法衣) 姿のままでバレーボールに興じていた。失敗すると意外なことに村の若者から嘲笑を浴びた。また、彼とは芝生に座って話をしたことがあるが、その際にも、頭をこづかれたり、からかわれたりしていた。仮にも聖職者がこうした扱いをうけるのは一体なぜであろうか。若いからかもしれないが、他の村でそういったケースは見たことがない。

26　フズールという呼び名をしていないどころか、その呼び名さえも「昔はそうした呼び名だったと聞いたことがある」というレベルであった。

27　*Ibid*, p.161.

28　Bangladesh Breau of Statistics (1991) *Small Area Atlas of Bangladesh.*

29　原忠彦 (東京外国語大学教授、1990 年ダッカにて没) が調査したチッタゴン県の G 村同様、この村もまた改革復古主義 (Wahabiism) 的傾向の強いスンニー派の村であるが、現実には彼らの宗教とアラブ・ワハービズムとの関係はあまりないといってよい。

30　今回データがあまりに大きいため掲載を見送ったが、バングラデシュのコウミマドラサの 1-12 年までのカリキュラムの例は拙著に掲載している。

　　日下部達哉 (2007)『バングラデシュ農村の初等教育制度受容』東信堂、pp.76-79.

31　ハフェズコースとは、クルアーンを暗唱できるようにするためのコースで、おおむね 3 年ほどで課程を終えるということであった。クルアーンの各ステップ毎に、マドラサ教師 (フズール) による試験に合格し、最終試験に合格すれば終わりということになっているため、中には 5 年ほどかかる生徒もいるということであった。

32　このデータはマドラサ教師からのインタビューに基づいているが、郡教育事務所におけるインタビューでは 50 数校から 70 数校になったというような食い違いがある。これを確定するためには今のところしらみつぶしにカウントするしかない。それを試みた研究者もないではないが、あまりに時間が必要なため、断念したという。そのため現在はこの食い違ったデータを掲載するしかないが、

62

増加傾向にあるということは事実として判断して良いだろう。

33 村内のインタビュー調査によれば、過去にいくつかのNGOが入ったことがあったが、ことごとく失敗したといわれていた。

34 原忠彦 (1969)「東パキスタン・チッタゴン地区モスレム村落における paribar」『民族学研究』34 巻 3 号、p.255.

35 実はこうした分析モデルは、イスラームだけではなく、他の宗教を普及する際にも考察が可能である。チッタゴン県における、ある 15 世帯ほどのキリスト教集落を調査したとき、宣教師が 22 年そこに滞在し、ヒンドゥーの集落を改宗させたという。その集落がまだヒンドゥーであったとき、人々は村の古木を信仰していたらしいが、「古木があなた方の生活を救ってくれるわけではない」といって、キリスト教を布教した。インタビューを進めるうちに、宣教師は、ダッカにあるキリスト教系の高校や大学を奨学金付きで通うことができ、卒業すれば欧米あるいはカナダの、やはりキリスト教系大学院に留学できるというライフコースビジョンを提示していたことがわかった。実際に何人かの集落出身者が留学に成功したという。

3章
インドネシアにおけるイスラーム教育改革
——制度化されない教育の伝統のゆくえ——

服部美奈

はじめに

　インドネシアの学校教育制度は 6-3-3 制で、初等教育と前期中等教育を合わせた 9 年間を基礎教育とし、この期間を義務教育と位置づけている。学校教育体系は、教育文化省管轄の一般学校系統（スコラ）と宗教省管轄のイスラーム学校系統（マドラサ）の二元的な系統をとり（**図 3-1**）、さらにプサントレンとよばれる宗教省管轄のイスラーム寄宿学校や、多様なノンフォーマル教育がイスラーム教育の基軸を形成している。プサントレンは、宗教的学識とカリスマ性をもつキヤイが主宰し、サントリとよばれる学習者が寄宿しながらアラビア語や、アラビア語で書かれた宗教注釈書を学ぶ伝統的なイスラーム教育機関である。インドネシアにおいて、これらの教育機関は単体としてムスリムの人間形成を担っているのではなく、相互に連関関係をもっていることが特徴である。日常的なムスリムの人間形成のあり方をみてみると、子どもたちは幼少期からフォーマルなイスラーム教育に限定されない教育環境のなかで育つ。たとえば、午前は一般学校に通い、午後は地域のイスラーム教育施設でアラビア語やクルアーン朗誦を学ぶという形のダブルスクールは、ムスリムの子どもたちにとって日常である。

　2020 年の純就学率は、初等教育 97.7%、前期中等教育 80.1%、後期中等教育 61.3% であり、それぞれ 91.1%、68.4%、48.1% であった 2011 年のそれと比べると着実に上昇している（Badan Pusat Statistik 2020:58）。この純就学率には、オルタナティブ・スクールやコミュニティに開かれた「地域住民学習施設」

24-26	一般高等教育機関 総合大学　(Universitas)				イスラーム高等教育機関 国立イスラーム大学　(UIN：Universitas Islam Negeri)		
22-23	インスティチュート　(Institut) 単科大学　(Sekolah Tinggi)				国立イスラーム宗教大学　(IAIN：Institut Agama Islam Negeri) 国立イスラーム宗教単科大学　(STAIN：Sekolah Tinggi Agama Islam Negeri)		
19-21			ポリテクニク　(Politeknik) アカデミー　(Akademi)		その他、私立イスラーム高等教育機関		
	教育文化省管轄				宗教省管轄		
	ノンフォーマル教育	フォーマル教育			フォーマル教育		ノンフォーマル教育
16-18	Paket C （後期中等教育段階の同等性教育プログラム）	一般高校 (SMA:Sekolah Menengah Atas)	職業高校 (SMK:Sekolah Menengah Kejuruan)	イスラーム高校 (MA:Madrasah Aliyah)	職業イスラーム高校 (MAK:Madrasah Aliyah Kejuruan)	イスラーム宗教高校 (MDU:Madrasah Diniyah Ula)	
13-15	Paket B （前期中等教育段階の同等性教育プログラム）	一般中学校 (SLTP : Sekolah Lanjutan Tingkat Pertama) 公開中学校 (SLTP Terbuka: Sekolah Lanjutan Tingkat Pertama Terbuka)		イスラーム中学校 (MTs : Madrasah Tsanawiyah) 公開イスラーム中学校 (MTsT:Madrasah Tsanawiyah Terbuka)		イスラーム宗教中学校 (MDU:Madrasah Diniyah Ustha)	継続クルアーン学習会 (TQA:Talimul Qur'an Lil Aurad)
7-12	Paket A （初等教育段階の同等性教育プログラム）	一般小学校 (SD : Sekolah Dasar)		イスラーム小学校 (M.I : Madrasah Ibtidaiyah)		イスラーム初等宗教学校 (MDA:Madrasah Diniyah Awaliyah)	クルアーン児童教室 (TPA:Taman Pendidikan Al-Qur'an)
4-6	プレイ・グループ 託児所	一般幼稚園 (TK : Taman Kanak-kanak)		イスラーム幼稚園 (RA : Raudatul Attfal / BA: Bustanul Atfal)			クルアーン幼稚園 (TKA:Taman Kanak-kanak Al-Qur'an)
0-3							

図 3-1　2003 年国民教育制度法による学校体系図

（PKBM）など、多様なノンフォーマル教育施設において、「パケット」とよばれる同等性教育を利用する子どもたちが含まれる。「パケット」には、「パケット A」（初等教育）、「パケット B」（前期中等）、「パケット C」（後期中等）があり、フレキシブルな学習形態のなか、国家最終試験に合格すれば履修した教育段階の修了認定が得られる。国際ケンブリッジや国際バカロレア等、海外のカリキュラムを採用して国際修了資格を取得できる学校のなかには、国内の修了資格を得るために並行してこのパケットを導入しているところもある。また、国家カリキュラムに準拠しないイスラーム教育を行っている私立イスラーム教育機関に通う生徒たちにとっても、「パケット」は各教育段階の修了資格を取得する重要な手段となっている。この他、後期中等教育段階には、教育文化省が管轄する職業高校のほか、宗教省が管轄する職業イスラーム高校もあり、アントレプレナー（起業家）教育も重視されている。

　高等教育段階も初等・中等教育段階と同様に、教育文化省が管轄する一般高等教育機関と宗教省が管轄するイスラーム高等教育機関がある。2019 年

の総就学率は 35.7％であり、2015 年の 29.9％から着実に上昇している。この
うち一般高等教育機関の機関数は 4,621 校（うち私立 3,129 校）である（Kementerian
Riset, Teknologi, dan Pendidikan Tinggi 2019:18,226）。2012 年制定の高等教育法は一般
高等教育機関を、大学、インスティテュート、カレッジ（単科大学）、ポリテ
クニック、アカデミー、コミュニティ・アカデミーに分類している。コミュ
ニティ・アカデミーは同法制定以降の新たな類型で、地域の卓越性を有する、
または地域の特別な需要を満たし、1～2 年間の職業教育を提供する高等教
育機関である。一方、イスラーム高等教育機関は、イスラーム大学（universitas）、
イスラーム宗教大学（Institut）、イスラーム宗教単科大学からなる。

　一般学校系統とイスラーム学校系統（以下、マドラサ）の学校数・生徒数に
ついては、おおむね 3 つの傾向がみられる。第一に、小学校段階では一般学
校の学校数がマドラサに比べて圧倒的に多いが、中学校および高校段階にな
ると全体の学校数に占めるマドラサの割合が増してくる点である。第二の傾
向は、マドラサは私立の割合が圧倒的に高い点である。これは多くのマドラ
サが政府によって上から設立されたものではなく、草の根的に設立されてき
たことと深く関係している。第三に、私立マドラサの場合、一校あたりの生
徒数が少なくなる傾向がみられる点である。これはさまざまな地域で多様な
人々が、それぞれの教育理念に沿ったマドラサを設立するためである。

　このようにインドネシアでは、一般学校のほか、マドラサや、宗教を専門
的に学ぶイスラーム高等教育機関が国民教育制度のなかで重要な役割を負っ
ている。一方、プサントレンのなかには、マドラサや一般学校などを部分的
に導入するものもあれば、近代的な学校教育とは一線を画すものもある。学
校化されていないプサントレンでは、標準化されたカリキュラムを用いず、
独自の教育スタイルが維持されている。それゆえ、このようなプサントレン
の場合、子どもたちは前述したパケットを用いて修了資格を取得し、上級段
階のイスラーム学校や一般学校、さらに高等教育機関に進学することになる。
また、プサントレンがマアハド・アリーとよばれる高等教育機関を有する
場合もある。宗教省によれば、2021 年に 30,495 機関あるプサントレンのう
ち、60 のプサントレンがマアハド・アリーを設置している（Kementerian Agama

Website 2021）。これらのマアハド・アリーは、それぞれが強みとするイスラーム諸学（イスラーム解釈学、ハディース学、アラビア語学など）の専門性にもとづき、アラビア語で書かれた宗教注釈書を用いた専門性の高い宗教教育を行う、イスラーム高等教育機関である。このように、イスラーム教育を活性化してきた原動力はムスリムの草の根的な活動によるところが大きい。

　以下、本章では第一に、オランダ植民地期から独立にいたるまでのイスラーム教育の伝統と変革を概観する。第二に、独立後の国民教育制度のなかにイスラーム教育がどのように位置づけられていったのかを考察する。そして最後に、イスラーム教育のダイナミズムを、一般教育とイスラーム教育の融合、制度化から一歩距離をとる教育の伝統としてのマアハド・アリー、2019年以降のプサントレン改革に焦点をあてて考察する。

1. イスラーム教育の伝統と変革

　前述した二元的教育体系の起源には植民地支配の影響がある。多くのイスラーム社会は西洋諸国による植民地支配を経験しており、植民地期には宗主国のモデルにもとづく教育機関が設立された。それらは基本的に現地の宗教教育から切り離されたものであったため、現地の人々による宗教教育は植民地教育体系の外側で維持された。

　インドネシアでは19世紀後半以降、オランダ植民地政府による教育機関が徐々に設立される一方で、村落共同体が運営する子ども用の宗教学習施設や、宗教的な学識をもつキヤイが主宰するプサントレンは維持された。それと同時に、西欧列強の植民地支配に対抗する形で中東地域に起こった19世紀末以降の宗教改革運動の影響を受けて、マドラサとよばれる「イスラーム学校」を設立する動きもみられた。マドラサは、オランダ植民地期の20世紀初頭、イスラーム改革運動の指導者によって伝統的なイスラーム教育を変革する形で発展してきた教育形態である。学年制の導入や、机・椅子の使用、一般科目の導入など、従来のイスラーム教育にはない新しいシステムを取り入れたイスラーム教育機関として登場した。

　オランダ植民地政府による西洋式の学校が拡大するなかで、ムスリムの需要を満たしつつ「近代的」な教育形態を部分的に取り入れたマドラサは、オランダ植民地政府によって設立された学校と並行して、二元的な学校教育制度を作り出していった。このようにイスラーム教育は、植民地期から一貫して「民」あるいは「私」の学びの場として地域社会に根を下ろし、イスラームの知の継承に重要な役割を担った。

2. 国民教育制度のなかのイスラーム教育

　本節では1945年の独立宣言以降、インドネシアが国民教育制度のなかにイスラーム教育をどのように位置づけていったのかをみていきたい。具体的には、1) 一般学校で宗教教育が必修化され、「信仰をもつ国民」の育成にプライオリティが付与されていく過程、2) マドラサが徐々に国民教育制度のなかで制度化され、「イスラーム学校」から「イスラーム的性格をもつ一般学校」に位置づけられる過程、3) イスラーム高等教育の発展と変遷、4) プサントレンの変化と多様化について考察する。

2.1　一般学校における宗教教育の必修化

　一般学校における宗教教育の位置づけの問題は、独立宣言後まもなく議論された。1946年、教育分野の有識者が集まる教育研究者委員会において、「すべての学校で宗教が教えられることが望ましい」という方向性が示された。そして1950年の学校教育基本法(正式名称は「学校における教育と教授の基本に関する法律1950年第4号」)の第20条「公立学校における宗教教授」において、「公立学校に宗教学習が置かれる。その子どもが宗教学習を受けるか否かは保護者が決める」とされた。

　1960年代初頭になると、初代大統領であるスカルノが傾倒しつつあった共産主義の拡大に対峙するため、軍は公立学校における宗教教育の必修化を支持し、高等教育段階から宗教教育の必修化が図られた。さらに1964年カリキュラム改訂以降は、宗教教育の成績が生徒の進級に影響するようになり、

一般学校における宗教教育の重みが増した。また、このような動きと並行する形で宗教省管轄の高等教育の整備も進み、1960 年代から 70 年代にかけて全国に 14 の国立イスラーム宗教大学が設立された。

　共産主義に対峙する姿勢は 1965 年に起こった「9・30 事件」（共産党によるクーデター未遂事件とされる）で決定的になった。この事件により、共産党への加担の嫌疑をかけられた数十万人が虐殺され、政権はスカルノから反共政策を強く打ち出したスハルト政権へと移行した。スハルト政権は宗教を共産主義に対する砦と位置づけ、1966 年暫定国民協議会において小学校から大学に至るすべての教育段階で宗教教育の必修化を決定した。これにより、1968 年カリキュラムにおいては宗教教育が教科順の筆頭となり、一般学校においては週 2 時間程度、宗教の時間が設けられた。生徒たちは自分が信仰する宗教にしたがって宗教教育を受け、「良い」成績を取ることが期待されるようになった。このように、スハルト政権においては「信仰をもつ国民」の育成に高いプライオリティが付与された。

2.2　マドラサの制度化と位置づけの変化

　前述したように、植民地期に形成された二元的な構造は、国民教育制度形成期に教育文化省が管轄する一般学校と宗教省が管轄するマドラサという形で引き継がれていくことになった。独立後の大きな変化として挙げられるのは、1946 年 1 月に設置された宗教省によって、独立前までは「民」あるいは「私」の領域にあったイスラーム教育が、次第に国民教育制度のもとで制度化されるようになった点である。宗教省の役割は、マドラサに対して指針を与えること、模範となるマドラサを設立すること、一般学校の宗教教育に対して指針を与えることとされた (Deliar Noer 1983:13,53)。さらに 1946 年 12 月に開催された中央国民会議執行部は、「インドネシア社会に深く根づいたマドラサおよびプサントレンは、民衆の教育と知性を発展させる機関であり、かつその源泉であるため、政府は運営に対する指導や経済的支援を行うことが望ましい」という指針を示した (Abdul Rachman Shaleh 1984:18, 西野 2003:300-301)。この方針は、イスラーム教育に対する宗教省および政府の役割を明確にした点で重

要であった。

　国民教育制度の整備により、独立後には公立の一般学校が急速に増加したが、マドラサも重要な選択肢であり続けた。ただし、深刻な課題もあった。具体的には、マドラサはその起源が「民」「私」にあり、教育環境や教育内容にはそれぞれのマドラサの独自性が保たれていたため、マドラサという括りのなかでも生徒が学習する内容の統一性に乏しく、ましてや一般学校の学習内容との隔たりは大きかった。その結果、マドラサから一般学校に転学する際、あるいはマドラサを卒業後、一般学校に進学する際に問題が生ずることになった。この問題を改善するため、政府は1967年から70年にかけて私立マドラサの一部を国立マドラサに移管し、1970年以降、国立マドラサをモデルとする教育内容の標準化を図った（西野2003:305）。

　さらに、1975年には宗教省、教育文化省、内務省の合同により「マドラサの教育の質の向上に関する3大臣決定」が出された。この決定により、一般学校とマドラサで教えられる一般教科の内容の標準化が進められるとともに、マドラサで教えられる一般教科と宗教教科の比率を7割と3割にすることが定められた。そして、一般学校とマドラサの間の転学や進学が可能となった。この一連のマドラサ改革によって、マドラサは国民教育制度のなかに明確に位置づけられることとなった。その意味で、マドラサの将来を決定づける重要な決定であったといえる。しかし、マドラサにおける宗教教科の比率が3割とされたことにより、生徒が習得する宗教知識の削減や教えられる教育内容の質の低下が懸念された。そのため1987年以降、宗教教科の割合を3割以上とする高校段階の特別マドラサ（MARK、1989年に宗教マドラサMAKと改称）が全国に10校設置された。

　続く変化は、1989年に制定された国民教育制度法（以下、1989年国民教育制度法）と、その後の1994年カリキュラム改訂にみることができる。1989年国民教育制度法はインドネシア初の包括的な教育法とされ、これによりマドラサを含むイスラーム教育の包摂がさらに進められた。また1994年カリキュラム改訂とともに同年、9年制義務教育の実施が宣言された。つまり、「すべての人に教育を」という国際的合意が、インドネシアにおいても積極的

に推進されるようになった時期でもあった。1994 年カリキュラム改訂では、マドラサで教えられる一般教科と宗教教科の割合が、従前の 7 割と 3 割から、8 割と 2 割に変更となった。同カリキュラム改訂により、一般学校とマドラサで教えられる教育内容の差異は一層縮小し、マドラサは「イスラーム的性格をもつ一般学校」として国民教育制度のなかに位置づけられることとなった。

2.3 イスラーム高等教育の発展

次に、イスラーム高等教育機関の発展と変遷をみておきたい。イスラーム高等教育機関は植民地期の 1940 年代にも設立されたが、その数はごく限られたものであり、かつ「民」「私」によるものであった。独立後初の国立のイスラーム高等教育機関は国立イスラーム宗教大学校 (PTAIN) であり、同大学校は私立インドネシア・イスラーム大学宗教学部を母体として 1951 年にジョグジャカルタで設立された。

その後、1957 年には宗教公務アカデミー（ADIA）がジャカルタに設立された。同アカデミーは、3 年制のセミ・アカデミーと 2 年制のアカデミーから構成され、前者は宗務に携わる国家公務員の学位取得を、後者は一般学校やマドラサで宗教を教える国家公務員としての宗教教師の養成を目的とした。後者には、宗教教育専攻とアラビア文学専攻がおかれた。このことから 1950 年代は、⑴ 宗教省による国立の高等教育機関が設立され始めた時期であると同時に、⑵ 宗教大学校がイスラーム学に関わる専門家の養成を、アカデミーが宗務に携わる国家公務員や国立学校の宗教教師の養成を担っていたことがわかる (Mahmud Yunus 1992:396-408)。

1960 年代になると両者の統合が図られた。具体的には、前述の国立イスラーム宗教大学校と宗教公務アカデミーの統合により、1961 年に国立イスラーム宗教大学 (IAIN) が誕生した。神学部（ウスルディン）とイスラーム法学部（シャリーア）はジョグジャカルタ、アラビア文学部（アダブ）とイスラーム教育学部（タルビヤー）はジャカルタにおかれた (Mahmud Yunus 1992:396-418: 中田 2018:162)。

その後、国立イスラーム宗教大学は 1980 年代までに 14 校設立された。同

大学は、イスラーム諸学の学習を重視しつつも、一般科目の導入や海外留学を促進した。具体的には、アズハル大学 (エジプト) をはじめとする中東諸国だけでなく、シカゴ大学、コロンビア大学、オハイオ大学 (以上、アメリカ)、マッギル大学 (カナダ)、オーストラリア国立大学、メルボルン大学、モナシュ大学 (以上、オーストラリア)、ライデン大学 (オランダ) などにも学生を留学させた。この結果、国立イスラーム宗教大学は、イスラーム学の伝統を維持しつつも、西洋の宗教研究やその方法論を同時に身につけた新しい世代の知識人を育てたとされている (服部 2010:42-45)。

　2000 年代に入り、国立イスラーム宗教大学は新たな転換期を迎えている。インスティテュートとしての国立イスラーム宗教大学 (IAIN。頭文字の I はインスティテュートを意味する) から、ユニバーシティとしての国立イスラーム大学 (UIN。頭文字の U はウニフェルシタスを意味する) への再編である。この結果、2002 年から 2019 年までに 9 校の国立イスラーム大学が誕生している。ユニバーシティとしての国立イスラーム大学では、「シャリーア学部」を「シャリーア・法学部」に、「ダアワ学部」を「ダアワ・コミュニケーション学部」などに再編し、宗教知と世俗知を分離しない知の統合が目指されている。また、ジャカルタのシャリフ・ヒダヤトゥッラー国立イスラーム大学には、国立イスラーム大学として初めての医学部が 2003 年に設置されている。ユニバーシティとしての再編は、一般的には (1) 高等教育就学率の上昇に対応するための国立大学の定員拡大、(2) 質の高い学生の確保、(3) 教育の質の向上を図る目的がその背景にあるとされる。ただし、国立イスラーム大学の場合に限っていえば、以下の諸背景つまり、(1) イスラーム高等教育機関のステータスの向上、(2) 宗教知と世俗知という二分法からの脱却、(3) 一般高等教育機関の学生とイスラーム高等教育機関の学生の間にある溝の解消、(4) 宗教知と世俗知を融合した幅広い研究の方向性、(5) 卒業生が活躍できる場の拡大などが指摘されている (Khozin 2006:153-155, Marwan 2010:183-220)。

　以上のように、インドネシアでは宗教省のイニシアティブのもと、国立イスラーム高等教育機関の発展が促進されてきた。このことは、マドラサが主として「民」「私」を中心に発展してきたこと、そして現在においても「民」「私」

の比重が非常に高いことと比べると、若干様相を異にしているように思われる。ただし、私立イスラーム高等教育機関の発展も目を見張るものがあり、その点ではマドラサやプサントレン同様、「民」「私」の貢献は大きい。

2.4 プサントレンの変化

　前述したようにプサントレンは従来、クルアーン解釈学(タフシール)や預言者ムハンマドの言行録(ハディース)など一定の専門分野に卓越したキヤイ(プサントレン主宰者)のもとに、サントリとよばれる学習者が集まる伝統的な教育機関であった。学習にはキタブ・クニンとよばれる宗教注釈書が用いられ、ときにサントリは専門性の異なるプサントレンを遍歴することもあった。プサントレンに共通する学習内容や学習の年限などはなかった。しかし、国民教育制度が整備されていくなかで一定の割合のプサントレンは、国家カリキュラムを用いるマドラサや一般学校を部分的に取り込みながら、多様な学習経路を提供するようになっていった。その結果、プサントレンの教育形態や教育内容、さらに主宰者の特徴は多様化した。

　2000年代初頭の宗教省の調査によれば、小学校段階のマドラサを設置しているプサントレンは16.8%、中学校段階のマドラサは20.8%、高校段階のマドラサは12.9%であり、マドラサを包摂するプサントレンが少なくないことを示している。ちなみに、ごくわずかではあるが一般学校を設立しているプサントレンもみられる。また、サントリの居住形態をみると、プサントレンに寄宿するサントリは約5割に留まっており、寄宿制を基本としてきた形態にも変化がみられる。プサントレンのなかには、普段は一般学校に通う生徒を、長期休暇や断食月に「季節サントリ」として短期的に受け入れるところもある(Departemen Agama Website)。

　この他、都市部で地方出身の大学生向けに寄宿舎を提供し、そこでイスラーム学習を行う下宿型プサントレンもある。ジェンダーとの関係でいえば、通常の下宿先よりもイスラームの規範が維持され、なおかつイスラーム学習が付与される下宿型プサントレンは、娘を都市部へ送り出す保護者に安心感を与えている。また、プサントレンの学習形態を応用したものと

して国立イスラーム大学では、新一年生にキャンパス内の寄宿舎への入居を
義務づけ、そこでアラビア語や古典的な宗教注釈書を用いたイスラーム学習
を行うケースも増えている。これもプサントレンの発展形態の一つとして捉
えることができるであろう。

　以上のようにプサントレンが多様化したことから、宗教省はプサントレ
ンを 3 つに分類している。具体的には、①宗教注釈書を重視した宗教学習を
行うプサントレン（サラフィー）、②宗教学習を行いつつ、数学や英語など一
般教科の学習にも重点を置くプサントレン（ハラフィー）、③①と②を組み合
わせたプサントレンである。2002 年の宗教省の統計では、①が全体の 66.0%
を占めて最も多く、③が 28.7%、②が 5.3% となっている（Departemen Agama
Website）。プサントレン・サラフィーと呼ばれる①のプサントレンはマドラ
サや一般学校を包摂せず、教育の形態としてはノンフォーマル教育に位置づ
けられる。ただし、後述するように、宗教共同体ともいえるプサントレンが
有する草の根的な学習ネットワークを、政府が推進する 9 年制義務教育の普
遍化、ひいては「万人のための教育」の達成に結びつけようとする政策もみ
られる。図 3-2 はプサントレンの類型を視覚的に示したものである。

　また、2002 年および 2008 年のサントリ数に占める女子の割合をみてみる
と、2002 年のサントリ数のうち女子は約 47.2% の 1,485,560 人、2008 年は約
46.4% の 1,693,727 人となっており、ほぼ 5 割に近い。この背景としては、従
来男子のみを対象としてきたプサントレンの多くが女子部を開設するように
なったという点が指摘できる。

　このような変化のなか、プサントレンは減少するのではなく、むしろ増
加している。1981 年に 5,959 校、サントリ数 922,467 人であったプサントレ
ンは、2002 年には 14,067 校、サントリ数 3,149,374 人、2008 年には 24,206 校、
サントリ数 3,647,719 人と、機関数・サントリ数ともに、四半世紀の間に約
4 倍に増加し（西野・服部 2007:36-37, Departemen Agama 2009:97-103）、2021 年には
30,495 校、サントリ数 4,373,694 人となっている（Departemen Agama Website）。こ
のことからプサントレンは、教育に対する人々の需要に柔軟に対応しつつ、
学校教育との連携も模索しながら発展したといえる。

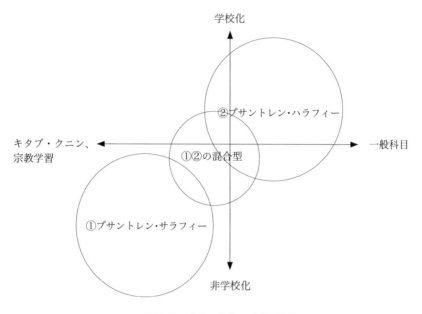

学校化

キタブ・クニン、
宗教学習

一般科目

②プサントレン・ハラフィー

①②の混合型

①プサントレン・サラフィー

非学校化

図 3-2　プサントレンの類型図

　ここで、プサントレンのなかでも独自の展開を遂げているポンドック・モ
デルン・ダルッサラーム・ゴントル（以下、ゴントル）を取り上げておきたい。
ゴントルの前史は 18 世紀初頭に東ジャワに設立されたポンドック・テガル
サリ（以下、テガルサリ）に始まり、テガルサリには多くのサントリが学びを
求めて集まったとされる。19 世紀半ば、第 6 代目主宰者であるキヤイ・ハサン・
カリファの時代に衰退を経験するようになったことから、キヤイ・ハサン・
カリファは自分の末娘と、愛弟子であった R.M. スライマン・ジャマルディ
ン（以下、キヤイ・スライマン）を結婚させ、テガルサリの継承のために新たな
プサントレンの設立を託した。テガルサリから 40 人のサントリを引き連れ
て、新たな土地に設立されたプサントレンは初代主宰者となったキヤイ・ス
ライマンから三代続き、三代目主宰者のキヤイ・サントソ・アノム・ブサ
リ（以下、キヤイ・サントソ）が 1918 年に亡くなると、3 人の息子であるキヤ
イ・アフマド・サハル（1901-1977）、キヤイ・ザイヌディン・ファナニエ（1908-
1967）、キヤイ・イマム・ザルカシ（1910-1985）によって新たな形で継承された。

これが1926年に東ジャワのポノロゴに設立されたゴントルである。

　ゴントルは19世紀末に始まるイスラーム改革運動の影響を受け、設立当初から、カリキュラムを採用したり、エジプトで新しく出版された宗教教義書を使用したりするなど、改革に積極的なプサントレンであった。またゴントルは、家族によって継承されることの多かったプサントレンの運営に画期的な改革をもたらした。1958年、上述の3人の主宰者は家族の所有であったゴントルをウンマ（宗教共同体）に寄進し、15人のゴントル卒業生に代表されるゴントル・ワカフ機構がゴントルの最高運営機関となった。そしてワカフ機構のメンバーは5年毎に選出される仕組みをとった。つまり、特定の個人や家族が運営するプサントレンの仕組みを一新したのである。

　ゴントルの中心的な教育段階は中等教育であるが、1963年には高等教育機関も設立されている。また、1990年代以降、中等教育段階に女子部を開設した点も大きな変化である（Nur Hadi Ihsan, Muhammad Akrimul Hakim（ed.）2004: 3-4,10）。2021年現在、男子校11校、女子校8校を有する大規模なプサントレンに成長している（Pondok Modern Darussalam Gontor Website）。そして、その教育の特徴は、キタブ・クニンとよばれる宗教注釈書の学習と「モダンな」学習を包摂している点、アラビア語と英語の二言語使用などにみられる。同時に、プサントレンの持続的な発展のために、広大な敷地に農場や飲料水生

写真1　ゴントル入口

（2005年8月22日筆者撮影）

写真2　ゴントルのメイン校舎

（2005年8月22日筆者撮影）

写真3　ゴントル女子部の試験風景
(2005 年 8 月 23 日筆者撮影)

写真4　ゴントル女子部寮の女子サントリ
(2005 年 8 月 20 日筆者撮影)

産工場、出版社を有し、多角的な経営を行っている点も注目される (Sutrisno Ahmad (ed.) 2004: 2-76)。

　ゴントルは数多く存在するプサントレンの一例であるが、植民地期から独立後の現在にいたる数世紀という長い時間のなかで、柔軟に発展するプサントレンの一つの姿を示しているといえる。

3.　イスラーム教育のダイナミズム

3.1　一般教育とイスラーム教育の融合

　前述したように、国民教育制度の形成過程で一般学校とマドラサの差異は徐々に縮小した。前節ではマドラサの一般学校化という変化をみたが、逆に一般学校のマドラサ化という現象もみられる。つまり、教育文化省管轄の学校として登録している私立の一般学校のなかには、一見マドラサと見分けがつかないほどイスラーム的な特徴が付与されているものもある。

　たとえば、「スコラ・ダサール・イスラーム・トゥルパド (Sekolah Dasar Islam Terpadu)」という名称の一般小学校がある。「スコラ・ダサール」は教育文化省が管轄する一般小学校を意味するが、その後に「イスラーム・トゥルパド」つまり「イスラームを融合した」という言葉が付与されている。その意味

するところは、「イスラームを融合した一般小学校」である。アズミ（2021）に
よれば、このような一群のイスラーム系私立学校は1990年代以降増加して
いる。これらの学校では一般小学校用の国家カリキュラムが採用されている
が、学校裁量の教科として宗教教科が設けられていたり、宗教に関係する課
外活動が行われていたりする[1]。同様に、「スコラ・ダサール・プラス (Sekolah
Dasar Plus)」も、イスラームの価値が「プラス」された一般小学校を意味する。
このような学校の設立は、2003年国家教育制度法制定以降に行われたカリ
キュラム改訂のなかで、各学校における教科設定の裁量や地域性を生かした
教育内容の追加がより柔軟になったことによってさらに加速している。その
目的は、一般教育とイスラーム教育の融合、さらにいえば宗教知と一般知の
融合である。

　一般教育とイスラーム教育の融合の観点からみると、プサントレンは一般
教育とイスラーム教育の多様な形態をその内に包摂し、外に拡張する一つの
教育共同体として捉えることも可能である。前述したように、プサントレン
で伝統とされてきた諸要素、つまり寄宿制、キヤイのカリスマ性、イスラー
ム諸学の学習などの要素を部分的にでも含んでいれば、それは広い意味での
プサントレンとされる。また、プサントレンで学ぶ年齢の幅も広がっており、
初等教育段階の子どもから大学生、さらに社会人も包摂する教育機関になっ
ている。

　ここで少し視点をずらし、学習の主体である子どもの目線からこの現象を
みてみたい。前述したように子どもたちは幼少期から、フォーマルな教育
に限定されない教育環境のなかにいる。たとえば、一般学校に通う子ども
は、学校から帰宅後、モスクや地域に設立されたクルアーン学習教室などで、
アラビア文字やクルアーン読誦、礼拝の方法といった基礎的なイスラーム
学習を受ける[2]。そして、長期休みにはプサントレンが主催するプサントレ
ン・キラットとよばれる短期の宗教学習に参加することも可能である。反対
に、プサントレンに寄宿しながら外のマドラサや一般学校に通う子どもたち
は、同時に2つの教育機関を経験していることになる。

　つまり、管轄主体が教育文化省か宗教省なのかといった問題や、フォーマ

ルな教育なのかノンフォーマルな教育なのかといった区別を越えて、子ども
たちはごく自然にその境界を行き来しているように感じられる。このように
一般教育とイスラーム教育の多様な融合の形態は、インドネシアのイスラー
ム教育を活性化させる原動力になっているといえる。

3.2　制度化されない教育の伝統——マアハド・アリー

　前述したように、マアハド・アリーはプサントレンのなかで最上級段階の
教育を行う高等教育機関である。マアハド・アリーでは、それぞれのプサン
トレンの専門性にもとづき、キタブ・クニンとよばれる古典的な宗教注釈書
を重視した宗教教育が行われている。

　たとえば、ジョグジャカルタのプサントレン・クラピヤ(以下、クラピヤ)
に 1993 年に設置されたマアハド・アリーでは、アラビア語文法、ハディー
ス(預言者ムハンマドの言行録)、預言者伝、神学などの学習とならび、古典的
な宗教注釈書がテキストとして用いられる。クラピヤのマアハド・アリーで
学習される古典的な宗教注釈書は 18 種類ある。クラピヤのマアハド・アリー
は原則として 4 年間 8 学期制をとるが、古典的な宗教注釈書は第 2 学期に 2
種類、第 4 学期に 8 種類、第 6 学期に 3 種類、第 8 学期に 4 種類、さらに全
学期を通して 1 種類学ばれる。テキストはアラビア語およびジャウィ語(ア
ラビア語表記のマレー語やジャワ語)で書かれているため、1 時間に進む量は多
くても数頁である。アラビア語と専門分野の学識に秀でている教師がアラビ
ア語を読み、その内容に対して説明や解釈を行う。解釈はアラビア語混じり
のインドネシア語で行われ、サントリは教師の解釈をそれぞれの宗教注釈書
に書き込みつつ、注釈書の内容を理解することが求められる。学習の時間帯
は、16 時から 17 時、17 時半から 19 時半、20 時から 24 時となっており、夕
方から夜半に集中して行われる(Al Munawwir Website)。

　各プサントレンに設置されたマアハド・アリーに共通のカリキュラムはな
いため、使用される古典的な宗教注釈書やカリキュラム編成は各プサントレ
ンの専門性に応じて決められる。たとえば、アラビア語の統語論、修辞法、
ハディース、神学などである。つまり、マアハド・アリーの学習には特に各

写真 5　キタブ・クニンの学習風景

（2010 年 8 月 5 日筆者撮影）

写真 6　キタブ・クニンの学習

（2010 年 8 月 5 日筆者撮影）

写真 7　キタブ・クニン

（2010 年 8 月 5 日筆者撮影）

写真 8　キタブ・クニン

（2010 年 8 月 5 日筆者撮影）

プサントレンの独自性が強調されるため、マドラサとは対照的に制度化され
ない教育の伝統が維持されている。

3.3　2019 年以降のプサントレン改革

　最後に 2019 年以降のプサントレン改革について述べておきたい。同年に
制定されたプサントレン法は、プサントレンを規定する初めての法律である
点で注目される。

　前述したようにプサントレンは、プサントレン内にマドラサや一般学校を
設立するなど独自の発展を遂げたが、国民教育制度への包摂は非常に緩やか

なものであり、多様な形態のノンフォーマル教育機関を含みこむ教育共同体として国民教育制度の内外に位置づけられてきた。プサントレン法は、この多様なイスラーム教育を包摂するプサントレンを制度的に位置づけようとするものである。同法の制定はまた、2000年以降進められている国立イスラーム高等教育機関の総合大学化と関連づけて考えることも可能である。前述したように、総合大学化した国立イスラーム大学ではイスラーム諸学と一般諸学との融合が目指されているが、イスラーム諸学に関する専門性の低下も指摘されている。プサントレン法はマアハド・アリーの教育を制度的に位置づけることにより、イスラーム教育の伝統の強化を図っているとも考えられる。このように、プサントレン法にはインドネシアが独自に培ってきたイスラーム教育の伝統を制度的に保障する目的がある。

　一方で、政府の意図つまり、インドネシア・イスラームの特徴とされる穏健なイスラーム、国家五原則であるパンチャシラの精神を堅持するプサントレンを育成し、管理しようとする意図もうかがえる。2020年以降、同法を具体的に実施するための省令や大臣令が制定され始めており、イスラーム教育を制度化する動きは緩やかながらも強化されるように思われる。

　実はこのような改革に先行して、プサントレンが独自に発展させてきた、宗教コミュニティを基盤とする生涯学習の草の根ネットワークを、政府が推進する9年制義務教育達成に活用する政策が進められてきた。この動きは2000年「ポンドック・プサントレンについての教育文化大臣および宗教大臣の合意」に始まるものである。この合意では、プサントレンの学習に初等中等教育段階の「プサントレン版パケット」を適用すること、具体的には、プサントレン内にマドラサや一般学校を設置せず、独自の教育を行っているプサントレンで学ぶサントリがマドラサや一般学校と同等の卒業資格を取得することを可能にする「プサントレン版パケット」が承認された。これにより、「プサントレン版パケット」の受講を希望するサントリには、国家カリキュラムに準ずるインドネシア語、数学、理科といった教科を学習する場が提供されるようになっている。

おわりに

　本章では、オランダ植民地期から独立にいたるイスラーム教育の伝統と変革を考察したうえで、独立後の国民教育制度におけるイスラーム教育の位置づけ、そしてインドネシアのイスラーム教育がもつダイナミズムを考察してきた。

　考察で明らかになったことは以下の3点である。第一に、二元的教育制度の起源についてである。植民地期には宗主国のモデルにもとづく教育機関が設立されたが、それらは基本的に現地の宗教教育から切り離されたものであったため、現地の人々による宗教教育は植民地教育体系の外側で維持された。インドネシアでは、オランダ植民地政府による教育機関の設立が19世紀後半以降、徐々に浸透していくなかで、子どもが学ぶ基礎的なイスラーム学習やプサントレンは「民」あるいは「私」によって維持された。つまり、イスラーム教育は、植民地期から一貫して「民」あるいは「私」の学びの場として地域社会に根を下ろし、イスラームの知の継承に重要な役割を担ってきた。

　第二に、独立後の国民教育制度における一般学校とマドラサの標準化、そしてプサントレンの多様化である。国民教育制度の整備が進むにつれて一般学校とマドラサのカリキュラムの標準化は促進され、相互の進学が可能になった。一方で、プサントレンのなかには学校教育を部分的に取り入れて学校化するものもあれば、学校教育とは一線を画し、学校化されない教育の伝統を維持するものもあった。学校化されないプサントレンでは国家カリキュラムが用いられず、独自の教育スタイルが維持されている。

　第三に、2019年に制定されたプサントレン法は、多様なイスラーム教育を包摂するプサントレンを制度的に位置づけようとするものである。同法はイスラーム教育の伝統の維持と制度的な保障を目的としている。一方で、国民教育制度へのプサントレンのより一層の包摂を試みるものであり、プサントレンを国家の管理下に置こうとするものでもある。つまり、国家は同法を通して、プサントレンに穏健なイスラームの醸成や、国家五原則であるパンチャシラの精神の堅持を求めている。このような動きに対し、プサントレン

の伝統の喪失やプサントレンへの国家の介入を危惧する声もある。

　しかしながら、植民地期から現在に至るまで、インドネシアでは「民」「私」がイスラーム教育を担う伝統があること、そして、多様な教育機関が連携を保ちながらムスリムの人間形成を担っていることはまぎれもない事実であり、ムスリムによる草の根的な教育活動がイスラーム教育ひいてはムスリム社会を発展させる原動力になっている。

注

1　このような学校について、より詳しくはアズミ（2021）を参照のこと。
2　イクロと言われるクルアーン読誦学習テキストやクルアーン学習教室については中田（2016）に詳しい。

参考文献

アズミ・ムクリサフ「インドネシアのイスラーム系私立学校"Integrated Islamic School"における知の融合―宗教知と一般知の二分法の克服―」日本比較教育学会編『比較教育学研究』第62号、東信堂、2021、132-154頁.

中田有紀「インドネシアにおけるクルアーン読誦学習：『キロアティ』と『イクロ』の比較から」アジア教育学会『アジア教育』第10号、2016、1-13頁.

中田有紀「独立後のインドネシアにおける大学創設と国家との関わり―ジョグジャカルタの二つの大学と「場」の象徴性に着目して」日本比較教育学会編『比較教育学研究』57号、東信堂、2018、157-178頁.

西野節男「インドネシアの公教育と宗教」江原武一編著『世界の公教育と宗教』東信堂、2003、300-325頁.

西野節男・服部美奈編『変貌するインドネシア・イスラーム教育』東洋大学アジア文化研究所・アジア地域研究センター、2007.

服部美奈「高等教育の一大市場を形成する底力，先を見据えた人材育成戦略―インドネシアの高等教育戦略」（アジアの高等教育事情　ダイナミック・アジア9）、『リクルート　カレッジマネジメント』（165，2010年11-12月号）、2010、42-45頁.

Abdul Rachman Shaleh, *Penyelenggaraan Madrasah 1: Petunjuk Pelaksanaan Administrasi dan Teknis Pendidikan*, Jakarta:Dharma Bhakti, 1984.

Al Munawwir Website（https://www.almunawwir.com/mahad-aly-salaf/）（2020年10月10日閲覧）

Badan Pusat Statistik, *Potret Pendidikan Indonesia Statistik Pendidikan 2020*, 2020.

Deliar Noer, *Administrasi Islam di Indonesia* (Edisi Baru) , CV. Rajawali, 1983.

Departemen Agama, *Statistik Pendidikan Islam Tahun 2008/2009.*

Pondok Modern Darussalam Gontor Website (https://www.gontor.ac.id) (2021 年 6 月 30 日閲覧)

Kementerian Agama Website (http://emispendis.kemenag.go.id/dashboard/?content=data-pontren&action=provinsi_pontren) (2021 年 6 月 30 日閲覧)

Kementerian Riset, Teknologi, dan Pendidikan Tinggi, *Statistik Pendidikan Tinggi 2019,* 2019.

Khozin, *Jejak-Jejak Pendidikan Islam di Indonesia: Rekonstruksi Sejarah untuk Aksi,* Edisi Revisi, UMM Press, 2006.

Mahmud Yunus, *Sejarah Pendidikan Islam di Indonesia,* Mutiara Sumber Widya, 1992. (First version 1957)

Marwan Saridjo, *Pendidikan Islam dari Masa ke Masa:Tinjauan Kebijakan Publik Terhadap Pendidikan Islam di Indonesia,* Yayasan Ngali Aksara, 2010.

Nur Hadi Ihsan, Muhammad Akrimul Hakim (ed.) , *Profil Pondok Modern Darussalam Gontor,* Penerbit Pondok Modern Darussalam Gontor, 2004.

Sutrisno Ahmad (ed.) , *WARDUN (Warta Dunia Pondok Modern Darussalam Gontor) 1425/2004,* Penerbit Pondok Modern Darussalam Gontor, 2004.

4章
ウズベキスタンにおけるイスラーム教育改革
——イスラーム復興と「寛容な世俗教育」の連関に着目して——

河野明日香

はじめに

　中央アジアにおけるイスラームへの改宗がいつ頃始まったのかについて、同時代の史料では明らかになっていないが、8世紀初頭にブハラを占領したクタイバが住民に改宗を強制、モスクを建設し、金曜礼拝に参加する者に金銭を与えたことからと伝えられている[1]。イスラームは705年から715年にかけて行われたウマイヤ朝の遠征などを通じて、中央アジアの定住民社会に定着し、その後遊牧民の間にも広まった[2]。それから悠久の時を経て、現在もイスラームは中央アジアの人々の生活に深く根を下ろし、文化、伝統の基層となっている。

　一方で、ロシア帝国による征服と統治、ソビエト連邦の成立と連邦構成共和国としての経験を経て、現在の独立国家としての中央アジア諸国が形成されるといった歴史的背景は、中東やアジアなど、他のムスリム居住地とは異なるイスラーム創出の源泉となっていると考えられる。特に、ソ連期は社会主義イデオロギーが人々の生活や教育の中心に据えられ、宗教は厳しく統制され、科学的無神論に基づく教育が行われた。公的にイスラームに根差す儀礼や宗教行事を執り行うことは困難であり、中央アジアの人々の生活のなかには次第にロシア化・ソ連化された文化が広がっていった。

　約70年にわたって存在したソ連が解体し、1991年に中央アジア諸国は相次いで独立した。ソ連解体に伴う独立後の中央アジア諸国では、新国家建設において重要となる国民形成、国民統合を成すため、イスラーム復興の動き

が顕著になっている。これは教育においても同様であり、各国の国家教育スタンダードやカリキュラム、教科書において、イスラームの文化や伝統に関連する内容が取り上げられるようになっている。このような現代中央アジアにおいて、ムスリムの手による主体的なイスラーム教育改革はいかに行われているのだろうか。また、中央アジアにおけるイスラーム教育はいかに現代性を獲得し、教育内容を改革して、「今日的イスラーム」を創出しようとしているのだろうか。

　本章では、上述の問いに答えるため、中央アジアの一国であるウズベキスタンをフィールドとし、イスラーム教育改革の実態とその特徴を考察する。具体的には、①独立後におけるウズベキスタン社会の変容とイスラーム復興の現状、②現在の学校教育とイスラーム、イスラーム教育改革の主体としてのアクターの実態、③ウズベキスタンにおけるイスラーム教育の展開の独自性、の3点について分析を行う。なお、本稿に関する研究方法としては、関連資料の分析と教育機関などの関係者への聞き取り調査を実施している。

1. 独立後におけるウズベキスタンの変容とイスラーム復興

1.1 新国家の政治体制と宗教政策

　独立後のウズベキスタンでは、大統領を中心とした権威主義体制が確立し、2016年のイスラム・カリモフ初代大統領の逝去により、シャフカト・ミルジヨエフ大統領に政権が移行した現在も継続している。政体は共和制をとり、国家元首は大統領である。議会は上院「セナート」と下院「立法院」の二院制である。また、教育関連では、高等中等専門教育省、国民教育省、就学前教育省がある。

　イスラーム復興については、初代大統領のカリモフは、独立直後は原理主義を除き、好意的な態度を取っていたが、政府以外の言論に接することができる場になるにつれて、人気のある説教師の権威を脅威とみなし、モスクの閉鎖や説教師の解任など宗教への統制を強化したという[3]。他の中央アジア諸国同様、ウズベキスタンは世俗国家であり、同国の法律にイスラーム法は

ほとんど反映されていない。特に、2000年前後よりイスラームに対する国家の統制が再び強化され、政府が認めるイスラームの在り方のみが正統なイスラームとされ、それ以外のイスラームの実践は排除されるようになった[4]。このように、ウズベキスタンでは中央アジア各国のなかでも、とりわけ国家による厳しい統制がイスラームに対し行われている。

1.2　ウズベク社会における人間関係とイスラーム

　中央アジア地域にイスラームが伝播して以降の中世の時代、人々の生活の根幹にはイスラームが存在した。イスラームに根差す人生儀礼や宗教行事は人々の生活を彩り、人間関係を構築した。子どもたちは生活圏において、イスラームを学ぶとともに民族の文化や伝統、生活の知識や仕事などについて学び、育った。帝政ロシアの中央アジア支配が始まった19世紀以降には、近代行政システムや近代学校制度が中央アジアに持ち込まれ、社会は変容していった。しかし、宇山の研究によれば、「帝国の行政体系への中央アジアの統合は浅く、文化面でのロシア化政策も中途半端な形でしか実施されなかった」[5]という。

　ロシア帝国の時代以上にウズベク社会における人間関係とイスラームの変容に対する影響を及ぼしたのは、ソ連の行政体系や宗教政策、教育政策であった。ソビエト政府はさまざまな民族から成るソビエト連邦の統一を図り、「ソビエト国民」を形成する政策を推進した。例えば、政府はマハッラと呼ばれる古くからウズベク社会の基盤となってきた地域コミュニティを恒常的な共産主義の宣伝と啓蒙の場と位置づけ、国家イデオロギーの浸透を目指した[6]。

　前述の通り、イスラームを含む宗教に対するソビエト政府の統制は厳しく行われ、科学的無神論を前提とした、社会主義イデオロギーに基づく社会の構築が目指された。公的な場で、表立った宗教儀礼や行事を執り行うことは困難であった。このような政府の「ソビエト国民」形成の政策推進は、結果としてウズベク国民がかつて持っていた遊牧主義や慣習的な法律・裁判制度、モスクのようなウズベキスタンの伝統的な仕組みの終焉であったという指摘もある[7]。上述のような宗教に対する統制は、宗教儀礼や行事で育まれて

いた社会の人間関係にも影響を与えたと推測できる。しかし、ソ連期に軽視
されたイスラームとその文化、伝統は家庭内など人々の生活圏内で生き続け、
消滅することはなかった。

　ソ連解体による独立後、ウズベキスタンにおいては再びイスラームに根差
す文化や伝統の見直しが行われるようになった。イスラームの様式に基づく
結婚式や葬儀、子どもの通過儀礼などが盛大に祝われるようになり、イスラー
ム暦による祝日も国家によって設定されるようになったのである。ラサナヤ
ガムはその著書でソ連崩壊後のウズベキスタンにおけるムスリムネスに関連
して、「イスラームを『宗教』という明確なカテゴリーとして扱い、それを文
化的慣習や社会関係のカテゴリーから分離することはほとんど意味がない」[8]
と述べる。そして、食事の前にイスラームのフレーズを口にしたり、セレモ
ニーで挨拶したり、また共同プロジェクトへの貢献を考えることは、「あり
ふれた」社会的相互作用にイスラームの枠組みと道徳的正当性を提供するだ
けではなく、イスラームを本質的に社会性とは別の対象として、社会性に追
加して特定の性質を与えることができるものとみなしている。そしてむしろ、
個人が参加する社会性の流れは個人の道徳的自己の発達の中でムスリムにな
るとする[9]。独立後のウズベキスタンでは、人生のさまざまな通過儀礼や日
常生活、マハッラにおける相互扶助活動とイスラームが融合した場面が多々
見られ、ラサナヤガムが指摘するような文化的慣習や社会関係と分けがたい
イスラームの現状がある。このように、ウズベク社会において、宗教儀礼な
どで培われる人間関係構築の場が再拡大され、ウズベク社会における人間関
係とイスラームは再び密接に関連するようになったといえる。

　この背景には、新国家建設の核となる社会主義イデオロギーに代わるもの
としての「民族の文化や伝統としてのイスラーム」の復興がある。国民のア
イデンティティの中核となるのは民族の一員としての意識とその自覚である
が、アイデンティティを形成するものの一つとして、民族の文化や伝統、歴
史と切り離すことのできないイスラームが教育政策や文化政策に導入されて
いると考えられる。

1.3　ICT 化の進展とウズベク社会の変容

　現在のウズベキスタンでも、社会の情報化、ICT 化の発展は目覚ましく、コンピュータやインターネット、スマートフォンの普及は人々の生活を大きく変え、人々の多くがこれらの機器を活用し、世界の情報と日々接するようになっている。

　特に、COVID-19 の全世界的なパンデミックにより、人々の生活に ICT 化の波が急激に押し寄せることとなった。コロナ禍において、ウズベキスタンでは一般中等学校や大学の授業の大部分がオンライン授業となった。インターネットを介したオンライン授業システムが活用され、生徒や学生は自宅で授業を受けつつ課題に取り組むといった、学校教育を止めない工夫が行われた。具体的には、Web プラットフォームやテレビを用いたビデオレッスン、携帯やアプリでのチャットなどが活用された。しかし、それは経済的格差によるデジタルディバイドや子どもの自己学習スキルの低さといった課題も生み出している[10]。学校外の場では、マハッラの代表や副代表に対する研修などが一部オンライン化され、Web 会議システムを活用した学習が進められた。また、国内の公務員を対象とした再教育プログラムも Web 会議システムを利用して進められ、オンラインで政治、司法、経済の最新情報がレクチャーされるなどの取り組みが展開された。

　ソ連期の状況とは異なり、独立以降は米国をはじめとした欧米諸国の文化や流行にいとも簡単に触れることができるようになっており、特に若年層には音楽、映画などを中心に欧米文化が広がっている。例えば、新婚の夫婦のなかでも、宗教行事を行うのではなく、その費用を冷蔵庫などの家電製品や新婚旅行費として贈る両親やそれらを欲しがる若い夫婦も多いという。その日限りでなくなる宗教行事の料理よりも、後に残り、生活に役立つ家電製品などが重宝されているそうである。宗教行事のもてなし方も、ウズベク式にテーブルの上に料理を並べる形式ではなく、ヨーロッパ式に一皿ずつ出す家庭も増えているという[11]。政府による宗教政策や住民の生活の近代化とともに、大量の情報がインターネットを通じて瞬時に世界各国から流入する現在、ウズベキスタンの宗教行事や人々のつながりの変化を通じ、ウズベク社会そ

のものが変容しつつあるといえる。

　このようななか、イスラーム教育やモスクなどのインターネットを活用した情報発信も目覚ましく展開されている。例えば、後述する中等特別イスラーム学校については詳細な情報がインターネット上で発信されており、同ホームページにはウズベキスタン国内のムスリム団体やモスクなどについてのリンクが複数掲示されている。ムスリム団体のホームページでは、インターネットラジオを利用したイスラーム関連の情報発信や、アザーンの音声がアップロードされていたり、イスラームの教えなどがホームページ上でまとめられていたりと、情報メディアを活用したイスラームの情報の拡張が進められている[12]。COVID-19 の世界的流行に伴い、オンラインや ICT を用いたイスラーム及びイスラーム教育の拡大は今後さらに進展していくと予測される。

2.　イスラーム教育改革の主体としての「アクター」たち

2.1　独立前後の教育とイスラーム

　中央アジアにおける近代的学校教育は、19 世紀後半のロシア帝国の中央アジア支配により開始された。それまでは、子どもたちの教育は地域社会の私的あるいは宗教的な教育機関で行われていた。特に、男児にはモスクに附属した初等学校であるマクタブとマドラサ[13]でイスラーム信仰の精神を中核に据えた教育が行われていた。マクタブには、6 歳から 16 歳まで（または 5 歳から 15 歳まで）の子どもたちが通い、読み書きを習い、イスラームの精神に根差した教育を受けた。一方、女児に対しては、教師の家での宗教的な内容による伝統的な教育が中心とされた。ムミノフの著書『サマルカンドの歴史』(1969) では、当時のサマルカンドの様子が詳細に示されているが、帝政ロシアの中央アジア進出までのサマルカンドでは、マハッラやグザルと呼ばれる地域共同体にマクタブがあり、女児のためのマクタブもあったことが述べられている。マクタブでは、マハッラのなかにあるモスクのイマーム[14]がマクタブの教師となり、子どもたちに読み書きやクルアーンを教えていた[15]。このような場において、子どもたちは宗教や生活、民族について学ぶ

ことができたのである。

　ロシア帝国による近代公教育が普及するにつれて、子どもの教育の中心は学校へと移っていった。ベンドリコフの著書『トルキスタンにおける国民教育史概要』(1960) では、当時、具体的な教育変革の動きが現れたことが指摘されており、1866 年には男女混合の最初のロシア初等学校がタシュケントに設立されたという。その後、サマルカンドやシムケントといった地域にも現地民の子どものためのロシア語学校が設立され、それは後にロシア人と現地民のための学校として機能した[16]。さらに、1871 年には従来のマドラサを批判し、新しいタイプのムスリム学校の開校を提案するといった報告書が提出されるなど、教育の制度化と近代的学校の拡充が進められていったのであった。制度化された学校という場が子どもたちの教育の場に取って代わり、マドラサでの教育は薄れていった。

　ソ連期の時代になると、近代教育拡充政策がロシア帝国期よりも一層推進され、マドラサからソビエト学校への転換政策やムスリムのソビエト学校教師の養成、ソビエト学校網の構築、民族の言語を教授言語として用いるような民族学校の設置が行われた。ソビエト学校は世俗的で男女平等の教育機関とされ、そこでは近代科学の基礎に基づく教育や科学的無神論の教育が展開された。教育の基本原理については、1918 年のロシア共和国法憲法において、「教会は国家から、学校は教会から分離され、宗教的宣伝と反宗教的宣伝の自由が全市民に認められる」[17]と規定され、さらに 1985 年の「国民教育基本法」で社会主義理念や教育機会の平等と無償性、教育と宗教権力の分離という教育の世俗性が明記された。当時は、ソ連政府からソビエト学校網建設のための財政支援が行われていたが[18]、政府の財政支援が打ち切られると、トルキスタン共和国政府は初等教育の大部分の閉鎖に追い込まれた。これにより、1922 年 6 月にマドラサを認め、監督、規制するよう政策転換が行われた。ソ連全体を俯瞰すると、宗教的要素を排除した世俗教育及び科学的無神論に基づく教育が行われたのであるが、ソ連初期はソビエト的教育とマドラサにおける教育が併存する複雑な状況があったことが把握できる。

　独立後のウズベキスタンにおける教育改革では、ソ連期の社会主義イデオロギーや旧体制に基づく教育制度の脱却が喫緊の課題であった。それと同時に、新国家の要となる国民形成と国民統合も推進された。教育関連省庁は、就学前教育省、国民教育省、高等中等専門教育省の3つから構成される。各教育段階の所管は、就学前教育が就学前教育省、初等・中等教育及び生涯学習が国民教育省、後期中等教育と高等教育が高等中等専門教育省となっている。このうち、就学前教育省が最も新しく、2017年に設立されている。

　ウズベキスタンでは、同2017年に大規模な教育制度の刷新が開始され、初等教育4年、前期中等教育5年、後期中等教育3年の学校教育制度を変更し、ソ連期の学校教育制度に立ち戻るような11年間の小中高一貫教育への移行が行われた（図4-1を参照）。2017年以降、まず複数都市のモデル校から11年制に移行が始まり、2019年度より完全11年制が実施されている。このため、それまで高等中等専門教育省の管轄であった後期中等教育段階のアカデミック・リセと職業カレッジが再編され、現時点では11年制の後期中等教育機関とアカデミック・リセが並存する状況にある。

　ウズベキスタン共和国法「教育について」では、「第4条 教育分野における基本原則」において、「教育制度の世俗的性質」が明記されており、教育の世俗主義（非宗教性）が示されている[19]。また、男女の共学と別学については、中等特別イスラーム学校で男女別学が見られるが、原則として男女共学である。しかし、実際には、後期中等教育から高等教育段階では女子学生の割合が伸びないなど、男女の進学率に差が出ているといった課題も生じている。一方、現在、主にイスラーム聖職者を育成するためのイスラーム教育はムスリム宗教局により監督されており、中等特別イスラーム学校もムスリム宗教局の所管である。

2.2　一般中等学校におけるイスラーム

　1990年代の中央アジアでは、独立に伴うナショナリズムの高揚によって、イスラームは民族の伝統の一部として位置づけられ、政府による一定的な肯定のもとで評価され復興が行われた。イスラーム復興は学校教育のカリ

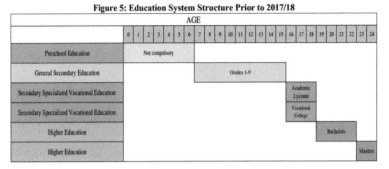

図4-1　ウズベキスタンの教育制度

出典：*Uzbekistan Education Sector Analysis Final Report*, December 27, 2018, The World Bank, https://documents1.
worldbank.org/curated/en/379211551844192053/pdf/Uzbekistan-Education-Sector-Analysis.pdf より抜粋

キュラムや教育内容にも多大な影響を与えた。例えば、ウズベキスタンの教
育カリキュラムや教育内容の土台となる国家教育スタンダードや教科書では、
イスラームに関する内容が出現した。ウズベキスタンは世俗国家であるため、
教育の世俗主義が基本である。しかし、ソ連期のように宗教を否定する無神
論教育を行うのではなく、「イスラームに根差す民族の文化、伝統」といった、
より寛容な世俗的性格による教育に転換しているといえる。

　一般中等教育についての国家教育スタンダード(2017)では、教科や科目と
しての「宗教」は公教育では設定されていない。しかし、「精神」領域で括ら
れた道徳関連教科のなかで、国家的（ウズベク）・精神的（イスラーム）の価値

94

図 4-2　イスラーム高等教育機関附属中等学校の校内

筆者撮影（2019 年 11 月）

観の基礎が学ばれている[20]。タシュケント市内の公立一般中等学校での調査
で学校教育におけるイスラームや宗教について尋ねたところ、2018年より「宗
教史」の科目ができ、その内容としてイスラームや他の宗教全般が扱われて
いるそうである[21]。具体的には、9 年生と 10 年生に週 1 回、「宗教史」の授
業が行われているが、低学年にはこのような科目はないという。同校の校長
によると、ウズベキスタン独立後は「祖国意識」などの科目において宗教関
連の内容があり、特別に宗教科目としては教えていなかったが、「祖国意識」
などの科目のなかで両親の役割やウズベキスタンの伝統的な価値、ウズベク
民族の価値などを子どもたちに教えるときに、宗教関連のことも教えている
ということであった。「歴史」の授業でも宗教について教えており、イスラー
ムの文化とつながっているそうである。

図4-3　イスラーム高等教育機関附属中等学校の家庭科の教室

筆者撮影（2019年11月）

　なぜ、授業で宗教について扱うのかについて、校長は「若者はヨーロッパの影響が強いし、それへの関心が高いので、もう少しこちら（ウズベキスタン）に目を向けるように、宗教の歴史などを教えている」と述べた。「宗教史」の授業では、各宗教について1コマずつ割り当てているが、イスラームについてはより時間を割いている。宗教の授業が始まり、子どもたちに変化はあるか、という質問について、授業を担当する教員や校長、その他の教員は以下のように述べた。

　　「変化があるのは当然です。子どもたちには、小さい頃から、小学校から少しずつ教えています。例えば、ムハンマドの生活とか、イスラームがどのように広がったかとか。そして9年生、10年生の時はそれま

で勉強したことが固まってきます。9年生、10年生の時も覚えることが
あります。クルアーンからハディースなどを覚えなさいとは言わない
が、情報として与えます。スタンダードには情報を与えることになって
います。そうすると、子どもたちがいい方に変わってくるのです。」[22]

　授業の成績評価については、いろいろなタスクを与え、それをもとに合格
しているかどうかを判断する。具体的には、5点制度を取っており、1点と
2点は不合格、3点から5点は合格である。その他にも、2週間に1回、1か
月に1回など、イマームやオティン・オイなど宗教の知識を広げる人たちが
よく呼ばれ、講演を行うそうである。

　タシュケントには、ウズベキスタン国際イスラームアカデミーが創設され
ているが、この前身はウズベキスタンイスラーム大学である。このイスラー
ムアカデミーには、附属のアカデミック・リセと初等・前期中等教育を行う
中等学校が創設されており、イスラームアカデミーに連なる継続教育システ
ムの構築が目指されている。

　タシュケント市内のイスラーム高等教育機関附属中等学校において、教育
の実態についての聞き取り調査を実施した[23]。訪問時は、初等教育段階の子
どもたちが学校に集まっていたが、この時期は秋の中間休暇の時期で、授業
自体は行われていなかった。しかし、働く両親のため、学校を開放し、スポー
ツや文化活動などを行い、子どもの居場所を確保しているとのことであった。
この中等学校は、前出のイスラームアカデミーと同じ敷地に設立されている
が、立地的なこともあり、イスラームアカデミーの学生と子どもたちの交流
も盛んであるという。校舎では、アラビア語の掲示があったり、アラビア語
の授業が行われたりと、学校の独自性を垣間見ることができるが、学校のカ
リキュラムや教育内容は基本的に国家教育スタンダードによるものである。

　同校の特徴の一つとして、民族の伝統を学ぶことのできるような設備が充
実している点が挙げられる。特に、女子児童が学ぶ家庭科の授業では、伝統
に基づくもてなしの文化について実践を通し学べるよう、食器や家具の設備
などが整備されている。このような教室や設備は他の学校では見られないと

図 4-4　イスラーム高等教育機関附属中等学校における伝統に基づくもてなし方の道具が揃った教室

筆者撮影（2019 年 11 月）

いう。主に、5 年生の授業で使うそうであるが、食事をする前の準備と食べた後の片付けや伝統的なお茶の入れ方などの授業が行われている。授業を通し、生徒たちには古い伝統やマナーを忘れないようにさまざまなことを教えているという。このような授業を通じてウズベキスタンの文化や伝統を学ぶことができるといえるが、この点について、家庭科担当の教員は、「今の若者はいろいろと留学したり、ヨーロッパの文化や習慣を勉強したり、（ウズベキスタンの）伝統を忘れてしまいます。だから学校で学びます。1 週間に 2 回、1 か月では計 8 回、授業で学んでいます」と述べた。

2.3　中等特別イスラーム学校におけるイスラーム教育

　一般中等学校とは別に、専門のイスラーム教育を行っているのが中等特別

イスラーム学校である。世俗教育が実施される一般中等学校と異なり、イスラームの専門教育を行い、イスラーム聖職者を養成する中等特別イスラーム学校は、ウズベキスタンのイスラーム教育改革の中核となるアクターである。現在では、ムスリム宗教局の管轄のもと、9つの中等特別イスラーム学校がウズベキスタン国内に設立されている。具体的には、以下の9機関が国内の複数都市に設置されている。

---

①コカルドシュ教育機関 (タシュケント市) 1991 年創設
②ハジャクブロ女子校 (タシュケント市) 1993 年創設
③ミールアラブ学校 (ブハラ市) 1946 年創設
④ジョイボリカロン女子校 (ブハラ市) 1992 年創設
⑤ヒドヤ (前ムッラーキルギス) 教育機関 (ナマンガン市) 1991 年創設
⑥サイードムヒディンマフダム学校 (アンディジャン) 1992 年創設
⑦ホジャブハリ学校 (キタブ市) 1992 年創設
⑧ファフリディンアルラジ学校 (ウルゲンチ市) 1991 年創設
⑨ムハンマドアルベルニ学校 (ヌクス市) 1993 年創設 [24]

　上記の9校の分布をみると、ウズベキスタン国内にまんべんなく設置されていることがわかる。中等特別イスラーム学校では、1,000 人以上の生徒が学び、そのうち 200 人以上が女性であり、残る約 800 人が男子となっている。男女の人数の差は大きいが、女性のイスラームの学びの場も確保されていることが把握できる。このような中等特別イスラーム学校では、130 人以上の教師が勤務し専門教育を行っている。研修期間は計 4 年である[25]。

　これらの教育機関の卒業生はさらに専門知識を高めるため、ムスリム宗教局の所管のタシュケントイスラーム研究所で学ぶことができる。タシュケントイスラーム研究所とマドラサには宗教教育基準が存在する。教育課程は、ムスリム宗教局によって認可され、かつ高等中等専門教育省によっても承認された 2006 年の標準カリキュラムに基づいて編成されている。具体的な教科としては、ウズベキスタンの歴史、国家独立の理念、精神性の基礎、経済理論、教育学、コンピュータ科学、物理学、数学、天文学、英語、ロシア語、その他の世俗的科学が教授されている[26]。授業はウズベク語とアラビア語で

行われるが、生徒はアラビア語だけでなく、英語とロシア語の教育も受ける。

　タシュケントイスラーム研究所と中等特別イスラーム学校を卒業した生徒は、国内のモスクで働くように割り当てられる。卒業証書は指定されたモスクで2年間勤務した後に授与されることになっている。関連する特殊科目の教育は、ムスリム宗教局が策定した計画に基づいて行われ、一般科目の教育は、国民教育省と高等中等専門教育省が策定したプログラム、教科書、マニュアルに基づいて実施される。授業は基本的に講義やセミナーの形で開講されている[27]。

3.　ウズベキスタンにおけるイスラーム教育展開の独自性と展望

3.1　イスラーム復興と「寛容な世俗教育」の連関

　現在のウズベキスタンにおけるイスラーム教育の特色として挙げられるのは、ソ連期とは異なり、教育の場にイスラームが取り込まれていることが顕著である点である。しかし、その状況を注意深く見ていくと、国家の認める範囲内におけるイスラームの在り方に根差す、民族の文化、伝統としてのイスラームの導入であることがわかる。世俗教育であるはずの学校教育にイスラームに根付く文化、伝統を取り込んでもいいという、言わば「寛容な世俗教育」が実践されているという点が独立後のウズベキスタンの特徴である。しかし、寛容でありつつも、教育の根幹は世俗的であることは、カリキュラムにおける進化論の扱いや学校制服に見ることができる。

　例えば、2001年のウズベキスタンの後期中等教育段階の国家教育スタンダードでは、教科「生物」において、生命の生物学的進化や進化の要因、生物圏の進化の基本的な段階といったいわゆるダーウィンの進化論の基礎知識が教育内容として挙げられていた[28]。これは、ソ連期のカリキュラムや教育内容を継承するものであるといえ、あくまでも学校教育では科学的知識の教授に重心が置かれ、科学の点では教育と宗教は明らかに分離しているといえる。歴史教科における宗教の扱いもこれと類似する。ウズベキスタンの歴史教科で宗教を扱うことについて、近年、現大統領が宗教について学ぶことの

重要性を指摘して以降、授業での宗教には力がそそがれるようになったと聞くが、歴史教科での宗教はイスラームの宗派教育を行うもの、イスラームの専門教育を行うものではなく、あくまでも他の宗教と同等に宗教全般に関連する基礎知識の一環として導入がなされている。だからこそ、授業における成績評価も、タスクを通して宗教知識を正確に把握したかを判断する客観的評価で行われているのである。

　学校制服は、中央アジア諸国では基本的に全国的に共通する制服はなく、学校指定の制服がない児童生徒は白いシャツに黒や紺色のズボンかスカートなどを着用している。ウズベキスタンでも、これまで基本的には他の中央アジア諸国と同様の服装で学校に通う児童生徒がほとんどであった。学校が独自に制服を作成し、指定している場合もあるが、多くの公立の一般中等学校では特段指定の制服はなく、上述のような服装で子どもたちは学校に通っていたのであった。しかし、近年のウズベキスタンでは制服に対し大きな動きが出ている。それは国家の制服に対する関与の強化ともいえる動きであるが、2018年8月15日付内閣令「一般中等教育機関の児童生徒に現代的な単一の制服を提供するための措置について」[29]で、学校制服の標準形が承認され、2018/2019年度はその移行期間であり、2019/2020年度からは着用が必須となる予定であった。しかし、制服着用の完全義務化は2024/2025学年度に延期されている。

　同内閣令では、教育機関の児童生徒のための現代的な単一の制服の導入の目標と目的について、付録2の第2章で、「4.制服の導入の目的は、教育を受け、道徳的で健全であり、バランスの取れた個人としての児童生徒の成長を促進し、確立された手順への平等と従順の感覚を身につけ、彼らの健康を改善することである。保護のために、児童生徒の間で健全な競争環境をつくる。」ということが示されている。また、制服における宗教的要素に関しては、付録2の第3章で、「7.教育機関で開催されるさまざまなイベントの過程を除き、児童生徒は帽子をかぶらずに教育機関の建物の中を歩く必要がある。ウズベキスタン共和国の人口は多民族で多宗教的であり、義務教育は世俗的であるため、異なる宗教や宗派、異なるサブカルチャー（ヒジャーブ、キッパー、カシャ

ヤ、十字など）の要素を学校制服に追加することは許可されていない」ということが明記されている[30]。この標準制服について、2020年9月改正の共和国法「教育について」第49条では制服の要件が定められた。

　具体的な制服の標準形としては、男子児童生徒は紺色のジャケットと同色のズボンが示されており、女子児童生徒には、紺色のジャケットと同色の膝丈程度のスカートが提示されている。児童生徒の制服着用規則の違反は教育機関の内部規則違反とみなされ、そのような児童生徒に対して、注意や日誌への記録、説明を行うよう両親への通知、市民自治団体や教育機関の会合への保護者の参加についての話し合いの措置が取られる場合があるという[31]。

　ウズベキスタンの社会において、この標準形の制服はさまざまな議論を巻き起こした。特に、標準制服は女子児童生徒の学校における制服に影響を与えると言われているが、民衆のなかにはイスラームの伝統や女子児童生徒の

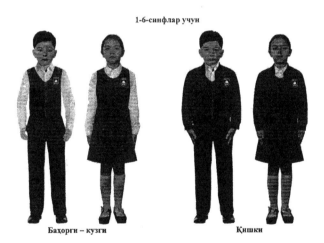

図4-5　内閣令で示された1年生から6年生の標準制服。春夏秋用と冬用の制服が示されている。

出典：ウズベキスタン共和国内閣令（2018年8月15日）「一般中等教育機関の児童生徒に現代的な単一の制服を提供するための措置について」Ўзбекистон Республикаси Вазирлар Маҳкамасининг Қарори 15.08.2018 й. №666 Давлат умумий ўрта таълим муассасалари ўқувчиларини замонавий ягона мактаб формаси билан таъминлаш чора-тадбирлари тўғрисида.

服装として、現在の標準形の制服はふさわしくないという声など、さまざまな意見が示されている[32]。いずれにせよ、教育の場における子どもたちの服装についても、政府の関与が強化されているといえ、ヒドゥン・カリキュラムのように科目や教育内容以外の場でも世俗教育が増幅していると考えられる。

　一方で、イスラーム教育とマハッラ（伝統的地域コミュニティ）の連関も看過できない重要な点である。本章に関連して、タシュケント市内の公立一般中等学校で聞き取り調査を実施した際、同校が立地するマハッラの運営委員会の長も同席し、イスラーム教育における学校とマハッラの関係について説明がなされた。そこでのマハッラの役割は、学校で行われる教育をバックアップし、児童生徒が実際に住むマハッラのなかでイスラームに触れる機会を創出することや、学校で学んだことをマハッラへ延長し、実践を通しイスラームや宗教についての理解を深める、というものであった[33]。古来より、ウズベキスタンに存在したマハッラにおいてはイスラームに根付く教育が行われてきた。しかし、ロシア帝国期を経て、ソ連期においてはイスラームの要素を排除した科学的無神論に基づく世俗教育に大きく舵を切り、独立後の現在も世俗教育が教育の根幹であることは変わりがない。ただし、その世俗教育には大きな揺らぎが見え、諸民族の融和と統合、民族間の妥協のためのイスラームに再び強い光が当てられるようになっている。その背後には、公立一般中等学校やイスラーム高等教育機関附属中等学校での聞き取りで教員たちから指摘されたように、若年層の興味、思考の欧米化に対する危機感も垣間見える。このことからも、現代のウズベキスタンでは学校だけでなくマハッラにおいてもイスラーム教育機能が復興されつつあるのである。

3.2　イスラーム教育をめぐる諸外国のインパクト

　もう1点、ウズベキスタンのイスラーム教育の現況を形成するものとして、イスラーム諸国をはじめとした世界のさまざまな国・地域による「外圧」の影響を述べる必要がある。ウズベキスタンの基幹民族であるウズベク人はテュルク系の民族であるため、従来トルコとの密接な関係を築いてきた。宗

教的にも、また言語的背景も類似する両国は、ソ連解体による独立以降、トルコ資本のスーパーやショッピングモールなどのビジネスを中心に連携・協力を深めてきた。また、教育の面でも、トルコ・リセの開校などが進められた。しかし、両国の政治的関係や宗教政策によって、トルコ・リセの増減などもさまざまな影響を受けている。クルグズスタンでも、トルコ資本によるトルコ・リセが複数開講し、都市部・地方部双方の保護者の支持を集めているが、このリセではイスラーム教育は一切行われていない。しかし、男女別学や、リセを支える財団の性格など、「トルコ・リセの寮生活に伏在する隠れたカリキュラムが、生徒たちの行動様式をゆるやかにムスリム的にしていく可能性がある」[34] と指摘されてもいる。ウズベキスタンにおいても、教育と宗教は法的・制度的に明確に分離されているが、クルグズスタンで見られるような、「隠れたカリキュラム」は公立の一般中等学校でも存在すると考えられる。むしろ、「民族の文化や伝統としてのイスラーム」のなかに、世俗教育及びイスラーム教育の双方が内在し、いずれかに偏重することなく、絶妙なバランスを取ることが求められているのである。これが、現在のウズベキスタンにみられる「今日的イスラーム及びイスラーム教育」の創出の形であるといえる。

おわりに

　本章では、中央アジアの一国であるウズベキスタンを対象とし、イスラーム教育改革の実態とその特徴の検討を行った。具体的には、①独立後におけるウズベキスタン社会の変容とイスラーム復興の現状、②現在の学校教育とイスラーム、イスラーム教育改革の主体としてのアクターの実態、③ウズベキスタンにおけるイスラーム教育の展開の独自性、の3点について分析した。

　本章において明らかになった点は以下の3点である。第1に、独立後の社会の変容とイスラーム復興の現状、ウズベク社会における人間関係の変化が明らかになった点である。ソ連期と比較し、独立後は人生のさまざまな通過儀礼や日常生活、マハッラにおける相互扶助活動とイスラームの融合が再度

見られるようになり、ウズベク社会における人間関係とイスラームは再び密接に関連するようになった。この背景には、新国家建設の核となる社会主義イデオロギーに代わるものとしての「民族の文化や伝統としてのイスラーム」の復興があった。しかし、COVID-19 の世界的流行を契機とし、ウズベキスタンでもオンラインや ICT を活用した新たな活動や人間関係の構築が進展していくと考えられるため、今後注視していく必要がある。

　第 2 に、イスラーム教育改革の主体としての多様なアクターの存在や学校教育におけるイスラームの取り扱いの実態が明示された点である。イスラーム聖職者育成の専門教育が行われる中等特別イスラーム学校はもちろんのこと、現在の一般中等学校においても、さまざまな科目から複合的にイスラームが扱われている。また、学校教育でのイスラームの学習にはマハッラも深く関与し、学校を支援していることが把握できた。

　第 3 に、イスラーム復興と「寛容な世俗教育」ともいえる世俗教育には強い連関があることが解明された点である。ロシア帝国期、ソ連期を経て、現在の学校教育も世俗教育が教育の根幹であるが、その世俗教育には大きな揺らぎが認められ、諸民族の融和と統合、民族間の妥協のためのイスラーム復興が促進され、そのプレゼンスが高まっている。またこの背景には、若年層の欧米化に対する懸念、危機感も窺える。いわば「民族の文化や伝統としてのイスラーム」のなかに、世俗教育及びイスラーム教育の双方が内在し、どちらかに偏重するのではなく、巧妙なバランスを取ることが求められている。これが、ウズベキスタンにみられる「今日的イスラーム及びイスラーム教育」の創出の現況である。

　現在のウズベキスタンにおけるイスラーム教育改革を俯瞰すると、教育における民族の文化、伝統に基づくイスラームの復興と、ソ連期よりも「寛容な世俗教育」の推進という 2 つの大きなうねりが起きていることがわかる。両者は矛盾する点を含みこみつつも、相互に共存するという、ウズベキスタン独自の現状を生み出している。そして、民族文化・伝統に連結するイスラームを教育の場に引き込むことにより、独立国家建設に重要な国民形成と国民統合の遂行が企図されている。しかし、それはウズベキスタンでは国家が認

めるイスラームの在り方に基づくものであり、決してイスラーム教育機関や宗教権威が主導し、展開されているわけではない。だが、イスラーム教育機関や宗教権威は国家の統制をその運営方針に飲み込みつつも、したたかに適応し、専門家の養成やイスラーム研究の先導といったプレゼンスを高めつつある。ウズベキスタンにおけるイスラーム教育改革の根底には、国家と教育機関、宗教権威とのせめぎ合いや連携のなかから生まれる「寛容な世俗教育」とのバランスを取ることによって創造される今日的イスラームおよびイスラーム教育が創出されていると考えられる。

　本章で取り上げたウズベキスタンでは、近年イスラームに対する統制の強化が行われていると同時にイスラーム教育改革が推進されているが、他方、中央アジアのクルグズスタンなどでは比較的緩やかな宗教政策が展開されているなど、国によって宗教政策やイスラーム教育の相違が生じている。特に、クルグズスタンにおいては、100 以上のマドラサが設立されているなど、ウズベキスタンの現状と大きな違いがある[35]。今後は、中央アジア各国間の比較による、今日的イスラーム及びイスラーム教育の地域間比較研究も重要である。このような地域的・宗教的多彩さを有する現代中央アジアは、教育と宗教、国家と宗教の関係性を俯瞰、探求する上で実に多様な示唆を与えてくれるといえよう。

注

1　濱田 (2008)『世界史リブレット 70 中央アジアのイスラーム』山川出版社、6。ナルシャヒーによって 10 世紀半ばに書かれた『ブハラ史』による。

2　宇山・樋渡 (2018)『現代中央アジア―政治・経済・社会』日本評論社。

3　同上書、17。

4　同上書、210。

5　同上書、5。

6　河野 (2010)『「教育」する共同体―ウズベキスタンにおける国民形成と地域社会教育』九州大学出版会。

7　Sievers (2002) "Uzbekistan's Mahalla: From Soviet to Absolutist Residential Community Associations", *The Journal of International and Comparative Law at Chicago Kent*, Vol.2.

8　Rasanayagam, J. (2011) *Islam in Post-Soviet Uzbekistan: The Morality of Experience*, Cambridge University Press, pp.43-44.

9　*Ibid*, pp.43-44.

10　コロナ禍のウズベキスタンにおける教育については、UNICEF, *Education Continuity in COVID-19 Pandemic Times: Impressions on Introducing Distance Learning in Basic Education in Uzbekistan*, September, 2020. を参照のこと。

11　河野 (2010) 前掲書、102。

12　https://naqshband.uz/makolalar/mustaqillik-din (2020 年 10 月 4 日最終閲覧)。

13　マドラサはイスラーム世界の伝統的教育機関であり、中央アジアでも建設が行われた。特に、当時中央アジアの政治や文化の中心地であったブハラではロシア革命前は 100 以上のマドラサが存在していたという。小松久男、梅村坦、宇山智彦、帯谷知可、堀川徹編 (2005)『中央ユーラシアを知る事典』平凡社、479。

14　イマーム (*imam*) とはイスラームの指導者を指し、クルアーンにおいて「規範」「指導者」の意味を持つ。

15　河野 (2010) 前掲書、39。Муминов И. М. и др (1969)《История Самарканда》Том первый –Т.: Фан, с293.

16　Бендриков К.Е. (1960)《Очерки по истории народного образования в Туркестане (1865-1924 годы)》– М.: Академия Педагогических Наук РСФСР, s61-62.

17　木村英亮・山本敏 (1979)『世界現代史 30 ソ連現代史 II』山川出版社、118-119。

18　同上書、118-119。

19　Закон Республики Узбекистан от 23 сентября 2020 года № ЗРУ-637《Об образовании》.

20　Умумий ўрта таълимнинг давлат таълим стандарти ЎзР ВМ 06.04.2017 й. 187-сон.

21　タシュケント市内の一般中等学校における聞き取り調査による (2019 年 3 月 11 日実施)。

22　タシュケント市内の一般中等学校における聞き取り調査による (2019 年 3 月 11 日実施)。

23　タシュケント市内のイスラーム高等教育機関附属中等学校における聞き取り調査による (2019 年 11 月 5 日実施)。

24　https://naqshband.uz/makolalar/mustaqillik-din (2020 年 10 月 4 日最終閲覧)。

25　同上。

26　同上。

27　同上。

28　Ўрта Махсус, Касъ-Ҳунар Таълимининг Умумтаълим Фанлари Давлат Таълим

Стандартлари ва Ўқув Дастурлари. - Т.: Шарк, 2001.

29　ウズベキスタン共和国内閣令（2018 年 8 月 15 日）「一般中等教育機関の児童生徒に現代的な単一の制服を提供するための措置について」「Ўзбекистон Республикаси Вазирлар Маҳкамасининг Қарори 15.08.2018 й. №666 Давлат умумий ўрта таълим муассасалари ўкувчиларини замонавий ягона мактаб формаси билан таъминлаш чора-тадбирлари тўғрисида.

30　同上、内閣令付録 2 第 2 章、第 3 章。

31　同上、内閣令付録 2 第 4 章。

32　例えば、インターネット記事"Uzbekistan: School uniform rules draw fire from all sides" https://eurasianet.org/uzbekistan-school-uniform-rules-draw-fire-from-all-sides（2021 年 6 月 11 日最終閲覧）を参照。

33　タシュケント市内の一般中等学校における聞き取り調査による（2019 年 3 月 11 日実施）。

34　関啓子 (2012)『コーカサスと中央アジアの人間形成―発達文化の比較教育研究』明石書店、132。

35　The Bulan Institute for Peace Innovations (2017) THE REPORT "RELIGIOUS EDUCATION IN KYRGYZSTAN: MADRASAH SYSTEM IN URGENT NEED OF REFORM", The Bulan Institute for Peace Innovations.

参考文献

宇山智彦・樋渡雅人編著 (2018)『現代中央アジア―政治・経済・社会』日本評論社

河野明日香 (2010)『「教育」する共同体―ウズベキスタンにおける国民形成と地域社会教育』九州大学出版会

木村英亮・山本敏 (1979)『世界現代史 30 ソ連現代史 II』山川出版社

小松久男、梅村坦、宇山智彦、帯谷知可、堀川徹編 (2005)『中央ユーラシアを知る事典』平凡社

関啓子著 (2012)『コーカサスと中央アジアの人間形成―発達文化の比較教育研究』明石書店

濱田正美著 (2008)『世界史リブレット 70 中央アジアのイスラーム』山川出版社

嶺井明子・川野辺敏編著 (2012)『中央アジアの教育とグローバリズム』東信堂

Rasanayagam, J. (2011) *Islam in Post-Soviet Uzbekistan: The Morality of Experience*, Cambridge University Press.

Sievers, E. W. (2002) "Uzbekistan's Mahalla: From Soviet to Absolutist Residential Community Associations", *The Journal of International and Comparative Law at Chicago Kent*: Vol.2.

The Bulan Institute for Peace Innovations (2017) THE REPORT "RELIGIOUS EDUCA-

TION IN KYRGYZSTAN: MADRASAH SYSTEM IN URGENT NEED OF REFORM", The Bulan Institute for Peace Innovations.

UNICEF, *Education Continuity in COVID-19 Pandemic Times: Impressions on Introducing Distance Learning in Basic Education in Uzbekistan,* September, 2020. https://www.unicef.org/uzbekistan/media/3606/file/DL%20Rapid%20Assessment%20report%20Oct%20 6%202020%20eng.pdf

Uzbekistan Education Sector Analysis Final Report, December 27, 2018, The World Bank, https://documents1.worldbank.org/curated/en/379211551844192053/pdf/ Uzbekistan-Education-Sector-Analysis.pdf

Бендриков К.Е. (1960) «Очерки по истории народного образования в Туркестане (1865-1924 годы) »– М.: Академия Педагогических Наук РСФСР.

Муминов И. М. и др (1969) «История Самарканда» Том первый –Т.: Фан.

Закон Республики Узбекистан от 23 сентября 2020 года № ЗРУ-637«Об образовании».

Умумий ўрта таълимнинг давлат таълим стандарти ЎзР ВМ 06.04.2017 й. 187-сон.

Ўзбекистон Республикаси Вазирлар Маҳкамасининг Қарори 15.08.2018 й. №666 Давлат умумий ўрта таълим муассасалари ўқувчиларини замонавий ягона мактаб формаси билан таъминлаш чора-тадбирлари тўғрисида.

Ўрта Махсус, Касъ-Ҳунар Таълимининг Умумтаълим Фанлари Давлат Таълим Стандартлари ва Ўқув Дастурлари. - Т.: Шарк, 2001.

https://eurasianet.org/uzbekistan-school-uniform-rules-draw-fire-from-all-sides

https://naqshband.uz/makolalar/mustaqillik-din

5章
ブルキナファソにおけるイスラーム改革主義運動

清水貴夫

プロローグ：「物乞い」禁止運動

　西アフリカの都市の交差点を歩くと、多くの子どもたちが右に左に信号待ちの車の間をすり抜け、子どもたちは精いっぱいの困窮した表情を浮かべドライバーや同乗者にカネを無心する。いわゆるストリート・チルドレンである。彼らの困窮度合いを一概に評価するのは難しいが、政府にとっては望ましい存在ではない。ブルキナファソでは、1990年代から路上生活を送る子どもたちが社会問題として注目されるようになったが、彼らの生活改善のために活動を行ったのは、ブルキナファソの行政ではなく、主に欧米のNGOとアソシアシオンであった[1]。2018年までは、ブルキナファソ政府はNGOと協力して活動を支援してきたものの、政府が介入することなかった。

　2018年8月7日、ブルキナファソの主要紙が一斉に前日 (8月6日) に女性・国家連帯・家族省 (Ministère de la Femme, de la Solidarité Nationale et de la Famille, MFSNF) のローレンス・イルブドゥ (Laurence Ilboudo/Marshal) 大臣が発表したストリート・チルドレン救出の計画について報じた。報道によれば、この計画は、路上生活を送る子どもたちを救出し、国内4か所の施設に収容し、教育を受けさせて子どもたちを社会化 (Socialization) する、というものであった (Sidwaya Paalga 2018年8月7日)。政府は、その後すぐに路上生活を送る子どもたちを武装した兵士、憲兵隊を伴って車両に乗せ、同省が管轄する子どもたちの収容施設 AEMO[2] (Action Educative en milieu ouvert) に子どもたちを収容した。計画によれば、子どもたちはブルキナファソ西部のオロダラの MEADO (オロダラ少年

収容施設 la Maison de l'Enfance André Dupont de Orodara）と INEFPRO（国立教育職業訓練研修所 l'Institut National d'Education et de Formation Professionnelle）、およびガンペラとブルキナファソ東部のファダ・ングルマの施設に移送し、子どもたちに教育を施し、社会経済化（insertion socioéconomique）を促す計画を発表した（MFSNF 2018）。8月以降も数回にわたり、同様のオペレーションが実施され、数百人のストリート・チルドレンが AEMO に収容された。

　一連のオペレーションは、「路上生活をする子どもたち」の支援を目的としたものであったが、これと同時期にもう一つのプログラムが実施された。上記のプログラム実施の一月前の7月ころから、政府はクルアーン学校を運営するマラブー（クルアーン教師）に対する説明会を開催した。この説明会は翌年にかけて10回程度行われ、タリベ（生徒）の物乞いを止めさせるように指示し、その代わりに生活物資を各クルアーン学校に配布することを通達した。実際に食料、生活物資の配布は、2018年、2019年に数回にわたって配布されたが、配分先をめぐり行政とマラブー間での諍いが起こった。この施策の前提となったのは、後述のクルアーン学校が貧困状態にあり、マラブーとタリベの生活維持のためにタリベが路上で物乞い行為を行うという表層的な事実から導かれ、路上生活をおくる子どもたちの大半がタリベであるという固定観念に基づく。さらに、マラブーによる子どもたちの強制労働や人身売買が結びつけられ、社会問題化していることも重要な要因となっている。行政は、マラブーに物質的な援助という形で働きかけることにより、旧来よりサヘル地域の路上生活を送る子どもたちの問題の一端を解決しようと試みたと読み取れる。

1. ブルキナファソにおける「イスラーム改革（主義）運動」

　本書で想定されるイスラーム改革運動は、近代化や西欧化、さらにはグローバリゼーションが進むイスラーム社会において、「主体的な現代イスラーム教育改革の地域的展開」を解釈しようとするものである。イスラーム社会に流れ込む非イスラーム的要素に対抗して、ラディカルなイスラーム主義に走

るような現象は、ジハーディストと呼ばれるごく一部の過激派による脱西欧
化を目指す一部の動きを除けば、西アフリカではほとんど見られない。すな
わち、日々信仰による平穏な日常を望む一般的なムスリムの営みの中で信仰
が崩れているようには見えない。むしろ、グローバル規模の変化や、それに
伴う制約や障害を受け入れ、時にいなしながら、信仰をブリコラージュして
いるようにさえ見える。これは、本書で表そうとしている、それぞれの土地
の風土に適したイスラームを作り出す営みとして捉えられる類のものではな
いだろうか。現代的なイスラームのブリコラージュを「イスラーム改革運動」
と呼び、ブルキナファソのイスラーム改革運動を、植民地解放以後のイスラー
ム教育の歴史的な展開である「イスラーム改革主義運動」をもう一方の補助
線として本論を始めたい。

　西アフリカにおけるイスラームは、土着の信仰との混交（シンクレティズム）
による周縁的な信仰体系と捉えられることが一般的であった。アラブのイス
ラームを中心とし、西アフリカのイスラームを辺境のイスラームとして捉え
る捉え方である。たとえば、植民地統治期の植民地行政官らに共有された「黒
イスラーム論」は、その後、西アフリカのイスラーム研究でも 1990 年代まで
引き継がれた。このイスラームの捉え方は、アラブを中心とする「単一のイ
スラーム」だと考え、アフリカをはじめとするアラブから見た周縁的なイス
ラームは、アラブ世界のイスラームとの対比の中で「遠い」イスラームだと
考える。しかし、イスラームを単一のものとして捉えることにより、たとえば、
西アフリカにおいては「「真なるイスラーム」がいかに発現しているのかとい
う点でしか捉えられなくなってしまう」（中尾 2020b:20）ことが懸念される。当
然のことながら、独特な表出を見せる西アフリカのムスリムも、間違いなく
クルアーン、ハディースといった従来通りのイスラームのテクストを使用し、
これらに関連付けられた語りや実践を生み出している。しかし、イスラーム
は複数的である一方で、こうしたテクストに基づくことで、ムスリムがムス
リムでありうるのである（中尾 2020a）。こうしたイスラームの捉え方を下支
えするのは、宗教人類学者のアサド（Asad）が主張した「言説的伝統論」である。
すなわち、「ムスリムがしているように、クルアーンとハディースという基

礎となるテクストを内包し、そしてそれらを自身と結びつけ」(Asad1986:14)
て捉えなおすということが重要である。

　以上の議論を出発点として、ブルキナファソにおける現代的イスラーム
の源流を見直しておきたい。中尾 (2020b) は、ここでオート・ヴォルタ (Haut
Volta)[3] 前後の「イスラーム改革主義運動」に着目する。イスラーム改革主義
運動とは、「イスラーム教育に加え、語学としてのアラビア語とフランス語
教育、近代的な世俗教育(算数、理科、歴史など)をおこなうマドラサの設置
を行う運動であり…近代的な教育をおこなうイスラームの学校をつくる運動
は 1940 年代から 1950 年代にかけて仏領西アフリカで同時並行的に生じて」
(中尾 2020b: 433) いるとしている。すなわち、長きにわたる欧米の植民地化を
経て独立したアフリカ諸国の多くが、フランスに倣ってライシテの原則を掲
げて独立を果たし、少なくとも名目的には非宗教化した国民国家として成立
した。西アフリカにおけるライシテと教育の問題は別稿にゆずることとする
が、特にサヘルのイスラーム地帯では、教育と宗教の問題はイスラームを抜
きにしては語れない。これは、中尾 (2020b) が歴史人類学的視点から示した
ように、「イスラーム改革主義運動」と現代社会の西欧化の間に生まれる摩
擦やすり寄りの上に現在のイスラームのあり方でもあるのだから、イスラー
ムの現在的あり方は、通時的重層性と相関性を踏まえて捉える必要があると
言えるだろう。

　西アフリカの諸国家における、イスラーム教育は、まさにムスリムたちに
より展開してきた。イスラーム改革主義が盛んに論じられた 1950 年代のム
スリムが目指したのは、正統的イスラームへの順化であり、現在までその傾
向は継続している。しかし、現在の同国のムスリム世界を見回すと、その教
義的問題よりも①教育組織の経営維持の困難さ、②政府による教育制度への
組み込み、③アラブの春以降、弱体化したアラブ諸国による支援など、「開発」
などの世俗的な活動が重大な問題になっているように見える。

　そこで、本章では、以上のイスラーム研究の潮流に立脚し、現代のモシ社
会[4]で展開されるイスラーム教育の「クルアーン学校」、「フランコ・アラブ
(Franco-Arab)」という 2 つのイスラーム系の教育機関に着目し、「教育の近代

化」が進行する西アフリカのイスラーム地域において、現段階のムスリム再生産の仕組みが、どのように変化しているのかを考察する。

2. 調査概要：地域社会的特徴

　本章執筆の基となる調査は、ブルキナファソ（**図 5-1**）の首都ワガドゥグ市の北縁のノーゲン（Noghen）地区とその周辺を中心に行われた。

　はじめに、ワガドゥグの民族‐宗教的特色を述べておきたい。ワガドゥグは、ブルキナファソの最大民族モシの王都であり、住民の過半数がモシである。歴史的にサヘル地帯に分布するフルベ[5]やナイジェリア北部に出自を持つハウサ、さらにマンデ系民族、特にモシと同化したヤルセ[6]は、モシ社会にイスラームを浸透させる上で大きな役割を担った。こうしたムスリム諸民族は、王都ワガドゥグの形成過程の中において、いくつかの地域を割り当て

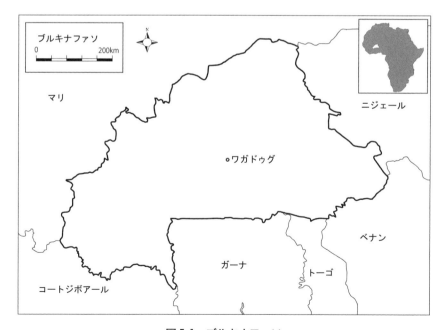

図5-1　ブルキナファソ

られて民族ごとに集住していた。ハウサを中心とするムスリムが居住したザングエテン（Zangouetin）や、フルベが集住したピュロゲン（Peologhin）は大きなムスリムコミュニティを形成した。

　一般的に、拡大するワガドゥグの新たな街区は、出身地に則した住民が民族毎に街区を築く傾向が見られるが、ノーゲンには、ブルキナファソを構成するモシ、ヤルセ、フルベが混住している。多くが長距離バスの行く先と民族構成が対応するが、ノーゲンや 2000 年代以降に広がった街区では若干事情が異なる。本章で言及されるノーゲンは現在、すでに道路の舗装化や共同水道、そして公立小学校が設置されてはいるものの、いまだ未認可分譲地（Non Lotis）と呼ばれ、自治体による土地の管理が未済とされる地域である。未認可分譲地では後付けで居住登録が行われるため、ニューカマーは、空き地を見つけ、土地の処分権を持つ人に許可を取り、日干しレンガを積んで小さな家を建てる。その簡易さから、ニューカマーがワガドゥグに根を下ろす最初のステップとなることが多い。この時期に形成された新たな未認可分譲地の街区は、ワガドゥグの周縁をさらに広範囲なものにした。

　従来のワガドゥグの拡大と同じように、農村部から都市への移住する人びとがいるほか、2004 年のワガドゥグの都市計画（ザカ計画）[7] や 2010 年のコートジボアール内戦[8] の際にこの地域に移り住んできたものが多い。2004 年に行われた都市計画は、ムスリム、特にザングエテンを一掃し、住民たちはワガドゥグ市内に散り散りになったことから、ムスリムの都市内移動が起こった。コートジボアールからの移民はクリスチャン、ムスリムが混交した状態で移住した。そのため、ノーゲンではムスリムをマジョリティとしつつも、キリスト教徒、ムスリムが混住する地域となっている。

3.　ブルキナファソのイスラーム教育と社会的位置づけ

3.1　ブルキナファソにおける教育の一般的状況

　かつて「最貧国」と呼ばれた国の多い西アフリカも、グローバル化時代が本格化した 2010 年代を経て、その経済社会状況は大きく変容した。教育の

領域においても、その純就学率は、20 年前には 30% 前後で推移していたものが、2018 年には 79% となった（World Bank Edstats）。人びとの教育熱は、日常的な市民生活の中にもしばしば垣間見られる。特に都市部では、子どもの学校は親たちの重大な関心事で、学校の教師のうわさや、学費の工面についての話題は日々聞くことができる。親たちの教育への関心の向け先は、「クラッシック校（ecole classique）」と呼ばれる公教育だけでなく、私学や宗教学校も含まれる。次項（3.2）で示すように、私学の中におけるイスラーム系の学校は近年益々増加する傾向にある。学校などの教育インフラの充実、そして多産多死から多産少子社会への転換といったブルキナファソ社会の大きな変容に合わせた公教育における初等教育は無償で提供されるが、有料の教材費は家計を圧迫する。さらに、別稿で述べた通り、公教育への疑念から、積極的にイスラーム教育を受けさせようとする親が少なからず存在することもイスラーム系の学校の増加に影響を及ぼしている（清水 2018:218-219）。

3.2　ブルキナファソのイスラーム教育の傾向

　西アフリカ全域に共通するイスラーム教育の特色として、クルアーン学校、フランコ・アラブ、マドラサという 3 つの学校形態の存在が挙げられる。それぞれの呼称が指す実際の学校形態は地域によって若干異なるが、ブルキナファソを中心に周辺数か国に共通して次のようにまとめられる。

　①クルアーン学校

　　伝統的なイスラーム教育機関であり、現在でも農村部を中心に存在する。農村のクルアーン学校は、マラブーとタリベで構成され、タリベは村外からもマラブーの人間関係を辿って多数やってくる。遠方からやってくるタリベのみならず、近隣村のタリベも、マラブーの自宅かそれに付随する家屋に寄宿し、クルアーン学習と農作業等、軽労働に従事する。クルアーン学習は、クルアーン 60 章の暗唱である。都市のクルアーン学校の中には、著名なマラブーにより営まれる学校もあるが、タリベの物乞い慣行が社会問題化し、現在その数は減少傾向にある。

②フランコ・アラブ

フランス式教育とクルアーン学習（アラブ）を折衷した学校体系である。特に都市部に多く、もともとクルアーン学校だった学校がフランス式教育を取り入れて再建されたものが多くみられる。本章の事例にもあるように、私学として認可を受けることで、世俗的な学校と同等の扱いを受ける。生徒は「タリベ」と呼ばれることはなく、世俗校と同様に「生徒(élevé (仏))」と呼ばれる。

③メデルサ

教育機関として体系化されたイスラーム教育機関であり、地域によっては、上のフランコ・アラブを含めて同名で呼ばれることがある。ブルキナファソやニジェールではマドラサとフランコ・アラブはある程度呼び分けられ、マドラサはそれぞれの国家から大学として認可された学校を指すことが多いが、フランコ・アラブをマドラサと呼ぶこともあり、安定しない。

ブルキナファソにおいては、以上のようなイスラーム教育が展開されており、ワガドゥグには、それぞれのイスラーム教育機関が存在する。最も制度化されたメデルサの中には、アラブ諸国からの援助を受け、大学までを備えている大規模な学校があり、制度化が進んでいる。これに対し、フランコ・アラブとクルアーン学校に関しては、近代化と公教育の進捗から、これまでの体制からの変容を迫られている。この過程は、別稿（清水 2017b）で詳細に述べているので、ここでは変容の要点を3点にまとめておくにとどめる。まず、村落、都市ともに、クルアーン学校自体の数は横ばいか減少傾向にあるが、その位置づけは不可逆的に変化している。特に都市の中心部では従来の寄宿舎制をとる学校は少なくなり、都市中心部にはほとんど寄宿舎制のものは見られなくなった。その一方で、クルアーン学校は都市周縁部に増加する。次に、公教育に子弟を通わせ、放課後にクルアーン学校に通わせてクルアーン暗唱をさせる親が増加している。3点目に一部のクルアーン学校や未認可のフランコ・アラブが認可取得を目指し、申請を行うようになった。

　これらのクルアーン学校の変容の特色からいえるのは、ブルキナファソでは、総じてイスラーム教育が公教育にすり寄る形で生き残りを企図し、フォーマル化することでイスラーム教育を継続しようとしていることである。これに関して、民族的な視点を建てると、より具体的な傾向が見えてくる。ノーゲンで旧来の形を保つのは、フルベとヤルセのマラブーが運営するもの以外にはほとんど見られない。その一方で、モシが中心的に関わるクルアーン学校は全く見られず、フランコ・アラブに限られる。さらに、フルベとヤルセの二つの民族についてみれば、ヤルセのクルアーン学校はサガボテンガ[9]に連なるクルアーン学校があり、フルベのクルアーン学校は著名なマラブーの周囲にいくつかのクルアーン学校が併設されている傾向にある。

　以上のように、現在のブルキナファソの特にイスラーム教育の領域では、フランコ・アラブが存在感を増している。ここで、ブルキナファソにおけるフランコ・アラブの現在の形に至る経緯をまとめておこう。

　先に示したように、西アフリカにおける「イスラーム改革主義運動」は、アフリカ諸国が独立する以前の、1940 年代から 1950 年代にかけて同時並行的に生じる。ブルキナファソの「イスラーム改革主義運動」の端を切ったボボ・ジュラソでは 1948 年に最初のマドラサ（フランス語教育を含む）が設立され、複数のフランス語教育を実施するマドラサが存在した（中尾 2020a:477-482）。ボボ・ジュラソから 20 年近く遅れ、1964 年[10]フランス語が第二外国語としてワガドゥグのマドラサに導入され、1974 年マドラサはオート・ヴォルタの私立学校として公式に認められる（n 74-139-PRES/EN mai 1974）。すなわち、教育省がフランコ・アラブの開校に対して認可を与えるようになり、フランコ・アラブは認可を受ければ、私学として扱われるようになる。しかし、2013 年に聞き取りを行ったデメ・ハチミ（DEME Hatimi）氏は、この間、教育省の役割が単に認可を与えることのみの役割を果たしていたにすぎないことを指摘する。教育省はその行政、教育機能で十分な役割しか果たしていなかったとする（Hatimi 2007）。1991 年、省庁間協定（N°90-112 /M.E.B.A./ M.E.S.S.R.S. du 16 juillet 1991）により、「アラブ教育規約とプログラムに関する国立委員会（C.N.S.P.E.A.）」が設立され、いよいよフランコ・アラブが実際の教育機関とし

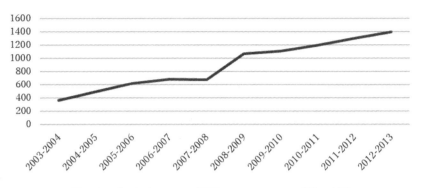

図 5-2　ブルキナファソの認可フランコ・アラブ数の変遷

出典：MEBA の未公開資料を筆者がまとめた。

て広まるための、実質的な議論が始まる。

　しかし、この時代は折しも構造調整政策を受け入れた年に当たる。構造調整の優等生とされたブルキナファソではあったが、社会保障費は横ばい（千代浦 1996:40）ではあったものの、その後のカリキュラム開発に係る教育予算が捻出しにくかったことは想像に難くない。この窮状を救ったのが、2011年に逝去した起業家のウマル・カナズエ（Oumarou Kanazoué）氏である。カナズエ氏は私費を投じ、カナズエ氏の生まれ故郷である中北部州ヤコ（Yako）でカリキュラム開発チームを編成する。カリキュラム開発チームは、1996 年 3月までに、その後のフランコ・アラブの基礎となるアラビア語教育の最初の公式カリキュラムを完成させたのである（Hatimi 2007）。

　こうして、制度的には現在のものとなったフランコ・アラブであったが、カリキュラムが完成した 1996 年以降、しばらくの間その数はそれほど伸びなかった。**図 5-2** に示したように、この数が急激に伸びるのは 2007 年から2008 年であるように見られるが、管見の限りこの理由を示す資料は見当たらない。しかし、ハチミ氏によれば、2005 年から 2006 年にかけて基礎教育省によってイスラーム系組織へのフランコ・アラブ設立の積極的な働きかけが行われたという。

　この結果、認可を受けたフランコ・アラブはその数こそ急激に増え、若

干資料は古いが、2013 年当時で、全小学校数 13,204 校中、公立校が 10,425 校、私立校が 2,779 校でうち 1,399 校がフランコ・アラブであった。フランコ・アラブが小学校全体に占める割合は、10% を超えている。また、2013 年当時の私学の生徒数の割合は、ライック[11]な私学（クラッシック校）の生徒が 44%、カトリック校が 12% なのに対し、フランコ・アラブはライックな学校と同じく 44% という数値が出ている（Hatimi 2007）。

4. 私学認可と設置基準の変更：宗教組織として、教育組織としてのフランコ・アラブ

　2018 年 11 月 5 日、調査のために現地を訪れていた私を呼び寄せ、通常は同席するはずの調査助手を排してインフォーマントのイマーム、ハミドゥ・サワドゴ（Hamidou Savadogo）氏が語ったのは、私学認可の法令の変更のことだった。

　この時のサワドゴ氏からの説明に加え、この時の語りを簡単にまとめてみよう。

　2016 年、従来認可を受けるために必要だった校地面積の基準が引き下げられ、教育実績と登録料の支払いのみが認可基準となった。この法令の変更は、政府がそれまで慎重だった未認可分譲地におけるフランコ・アラブの認可基準を緩め、積極的に認可を与えるというものだった。そのために、サワドゴ氏は 2014 年以来、毎年認可申請をしているが、未認可分譲地にいびつな形で建つサワドゴ氏の学校は十分な校地面積を持つことができず、2014 年以降も継続的に校地を買い足すなど、認可に向けた準備が進められていた。それにも関わらず、結局 2018 年まで校地面積不足のため申請が認められることはなかった。

　そのような中、ノーゲンを管轄する、タンプイ（Tampouy）[12]の基礎教育担当官からサワドゴ氏に連絡があり、申請に必要な費用、175,000Fcfa[13]を 10 月末までに払い込まねば、学校自体を取り潰すというものだった。すでに期日を過ぎていたインタビュー当日まで、サワドゴ氏は金策に走っていたが、結

局手元に十分な額を揃えることができなかった[14]。

　ブルキナファソの学暦は、10月に始まり、7月中旬に終了する。10月は授業料や登録費が集まり、学校には最も潤沢にカネがある時期のはずである。約160名の生徒を有するサワドゴ氏の学校は、授業料が年額15,000Fcfaであるから、1割の生徒の授業料さえ払い込まれていれば、問題なく支払える計算になる。ところが、この年、11月初旬現在までに授業料を払い込んだのは1人もいなかったという。日頃おおらかなサワドゴ氏がインタビュー中に「もし、本当に閉校することになったら、生徒と教員はどうなってしまうだろう…」と述べるほど、憔悴していた。

　サワドゴ氏が認可を得ることに血道を上げていたのには、3つの理由がある。1点目に、フランコ・アラブとしての認可が得られれば、給与の高いフランス語教員が派遣される。2点目にアラブ（クルアーン）教員5人当たり1人分の給料を国に負担してもらえること、3点目に、公教育同様に給食、フランス語用のノートが支給されることといった、経営上の利点が認可取得の動機となっていた。これには、イスラーム校独特の事由が関係している。

　本来、イスラームにおける教育機関は、サダカ（自発的喜捨）により経営され、西アフリカのフランコ・アラブやマドラサも同様である（Savadogo, Gomez-Perez and LeBlanc 2016）。しかし、特に西アフリカの多くの学校では、学校経営を下支えするはずのムスリムたちからのサダカ慣行が発動することは少なく、イスラーム協会からの支援も行き渡っていない。ゆえに、クルアーン教師（マラブー）が独自に資金調達をしなければならない。サワドゴ氏は、他のマラブー同様に資金調達のため、様々な仕事を掛け持ち、2018年からは学校での教育を外部の教員に任せ、資金繰りのための仕事に専念するようになった。他方で、宗教組織として、たとえ、学校を出るまでに全く授業料を払えなかったとしても、入校を希望する生徒を断ることはないとも述べる（清水2017a）。先述の通り、90年代後半に条件を満たした「フランコ・アラブ」に私学としての公認を与えるようになり（Hatimi 2007）、2013年までに約1,400校が認可を取得しているが、学校として順調な運営を展開している学校はごく一握りであると考えられている。

　近代国家において、社会福祉は、公的機関によって充足させることが原則であると考えられてきた。しかし、殊に開発途上国においては、経済基盤の脆弱さから公的機関から十分なサービスを引き出せなかったことから、1980年代以降、「開発のNGO化」(Tamline 2013:33) が進み、教育や医療と言った社会インフラがNGOによって担われるようになった。そして、さらに「宗教のNGO化」(石森 2019:17) の現象も顕著になってきている。「信仰NGO（Faith NGO）」という言葉もしばしば使われるようになった (Savadogo, Gomez-Perez and LeBlanc 2016)。つまり、市民社会に加えて、宗教組織が人びとの生活のセーフティーネットとなっているのである。

　そして、サワドゴ氏にとって困難なのは、氏自身がクルアーン教師の他にも、ノーゲンの中でも中堅クラスのイマームであり、その街区ではある種の名士として認められているという社会的位置づけも幾ばくか関連している。社会的要請として、サワドゴ氏には、学費未納の生徒を受け入れ続けねばならないという宗教的救済だけでなく、両親を失った子どもを養い、生徒の親が困難な状況に陥った際の経済的援助を行うといった気前の良さも求められるのである。

5.　「ストリート」の子どもたちへの政府の介入とクルアーン学校

5.1　ストリート・チルドレン救済政策と物乞い

　プロローグを振り返ろう。MFSNF（女性・国家連帯・家族省）は、市内のすべての「ストリート・チルドレン」を一斉に集めてAEMOの施設に収容し、その後、国内の施設に子どもたちを移し、社会経済化をする。オペレーションは、8月10日夜半、MFSNFの職員たちが、それぞれ2-3名の職員に5名ほどの武装警察官を伴って「ストリート・チルドレン」の寝所がある市内各所に散らばり、子どもたちの摘発を開始し、このオペレーションは8月20日まで継続した。これと併せて、クルアーン学校を対象とするもう一つのプロジェクトが始まった。これは、政府の「国家経済社会開発計画 (le Plan national de développement économique et social) の具体的なプロジェクトのひとつ

として位置づけられる。これは、2020 年までにストリート・チルドレンを50％削減するという項目を実現するために行われた。イルブドゥ MFSNF 大臣は、「ワガドゥグには、2,329 人の子どもたちがストリートで暮らしており、その半数以上がタリベ」と算定した上で、約 2000 人分の生活物資として、コメ 25 トン、メイズ 69 トン、879 のマットレス、373 箱の石鹸を 3 か月の間に 1684 人のタリベに配布した（Sidwaya Paalga 2018 年 8 月 7 日）。

　このように、政府はクルアーン学校に対する食糧や生活物資の配布を行い、学校運営のための物乞い行為を止めさせることを企図した。しかし、こうした物資は、一部のマラブーに集中的に配布されたこともあり、タリベの物乞いがなくなることはなかった。こうした最中、数名のタリベの一部も昼間の物乞い行為中に、警察、憲兵隊に補導され、プロジェクトの対象者として数日間にわたり施設に収容される。マラブーの一人は、数日間にわたり、「保護者」としての夜中までタリベを探したという。タリベが収容施設に収容されていることを知ると、このマラブーは施設に対して数回にわたりタリベの返還を求めた。しかし、マラブーの要求は聞き入れられず、このマラブーは NGO「クルアーン学校教師組合（Association l'Enseigniat d'ecole Qura'nic）」のイドリッサ・カディオゴ（Idrissa Kadiogo）氏に相談を持ち掛けた。この NGO は、クルアーン学校の運営者、教員の組合組織で、マラブーの運営上における問題の相談に乗り、クルアーン学校の円滑な運営を支援することを活動の目的としている。2018 年の行政のオペレーションによる当局とクルアーン学校の間のトラブル増加に伴い、クルアーン学校教師組合には多くの相談が寄せられるようになった。

　そもそもの問題として、NGO などが喧伝するクルアーン学校と貧困や児童労働、さらには暴力という問題は、必ずしも一般的なクルアーン学校の姿ではない。市井の人びとがそうするように、マラブーたちも、クルアーン学校を運営するための経済的な対策を講じつつ、宗教的な教育に努めており、政府の措置に対して否定的な評価を与えている。

　「会議はこれまでに 10 回くらい行われ、そのすべてに参加した。初回は

神に祈りを捧げ、省庁とマラブーの間の友好を図ろうというものだった。その後の回では、プロジェクトの説明に移ったが、政府は『子どもがストリートにいることを嫌がっている』ようだった。ストリートに子どもがいることで、タバコやドラッグに汚染されたり、犯罪に手を染めることに危機感を感じているのだと思われる。しかし、タリベの中にタバコやドラッグをやる子どもはいない。我々クルアーン学校では、物乞いをしに行ったタリベは20時には帰ってくることになっている。20時を過ぎても帰ってこないとみんなで探しに行く。」(Sambo Dicko 師への聞き取り 2018年11月8日)

　フルベのマラブーのディコ氏は以上のように語るが、ワガドゥグの一般的なタリベに対する認識と、特にクルアーン学校を運営するマラブーの認識の間には、二つの点で決定的な差異が生じている。前者がタリベと「ストリート・チルドレン」を重ねて認識している一方で、後者のマラブーは、タリベ達の物乞い行為は、規則正しい修道生活の中の一コマなのであって、「ストリート・チルドレン」と同一視されることに不快感を持っていることがわかる。物乞い行為は、マラブーによってもその是非が分かれるところでもある。ムスリムの世界では、ザカート((貧者に対する)喜捨)はモラル、スピリチュアルな面以上に社会経済的に非常に重要な役割を果たす。この交換(寄付行為)はイスラーム世界における平等を志向するものではあるが、これらの寄付はタリベとスピリチュアル・メンターとしてのマラブーへの支援が強調される。この交換はザカートとバラカ(祝福)を通して行われる(Vital 2016:147-148)と理解される。
　物乞い慣行に対する非ムスリムとムスリム、また、ムスリム間でのこうした認識の差は、日常的に表出するものではない。反・物乞い慣行を掲げる層の主張は、反児童労働、反暴力といったある種のポリティカル・コレクトネスに立脚している。逆に、物乞い慣行を容認する層は、反・物乞い慣行を掲げる人びとのまなざしを意識しつつも、生活や学校の維持のため、という実利的な側面とそれを補強する意味での宗教的な意味づけをポリティカル・コ

レクトネスへの反論ロジックとして用意している。

そして、もう1点が路上の子どもたちの捉え方についての差である。現在でも「ストリート・チルドレン」の定義は定まらないが、最も一般的な基準は路上を時間的にも空間的にも主な生活の場としているか、子どもが得られるべき保護を得られていない状態にあるか、という2点に集約できる。確かに前者に関しては、タリベたちが一日のうちの数時間を過ごすことから、タリベとストリート・チルドレンが重なり合うが、後者について両者を比較した時、先に紹介したディコ氏の語りにあるように、マラブーがタリベの保護者として、躾をし、生活の管理をする。当然のことながら、タリベに寝所や食事を用意し、体調の悪い時にはクリニックに行くなど、保護者としての責務を果たしているマラブーがほとんどであると言ってよい。マラブーがタリベをよく世話をするのは、宗教者としての基本的な倫理観に基づくためであることは当然のことながら、多くのマラブーとタリベが強い地縁・血縁関係によって結びついているためである。タリベの多くは、その父が学んだ師匠や、その師匠筋の高弟のマラブーに預けられている。また、タリベのなかには、マラブーと血縁関係のある子どもたちも少なからず含まれている。こうした、社会の網の目に組み込まれたクルアーン学校において、マラブーがタリベを粗末に扱うことは考え難いのである。したがって、当事者であるマラブーにとっては、タリベに暴力をふるうこと、食事や寝床を用意できないという前提にたつ行政のまなざしは認めがたい認識であるとすることは想像に難くない。

以上のように、ブルキナファソの行政初となる MFSNF によるストリートの子どもたちの救済の試みは、当初より「行政と市民」と「イスラーム擁護者」の間のストリートの子どもたちの物乞い慣行への認識と子どもたちの置かれた環境そのものへの認識の差があり、このプロジェクトを通じて、こうした認識の差が前景化してきたとみるべきであろう。こうした状況に際し、クルアーン学校教師組合はどのような対応を取ったかを確認して本章をまとめたいと思う。

5.2　クルアーン学校教師組合の対応とプロジェクトのその後

　先述のクルアーン学校教師組合は、タリベを収容されたマラブーたちの不満を受け、収容所や担当当局へのタリベ返還要請を行った。しかし、正当な「保護者」、つまり、親兄弟や親せきなど、血縁関係者ではないことから、カディオゴ氏らに直接引き渡しされることはほとんどなく、時にタリベの親をワガドゥグに呼び寄せて引き取りのプロセスを進めるといったことも行った。

　その一方で、カディオゴ氏らは、タリベが「ストリート・チルドレン」と混同されないための予防対策も立てた。対策とは「タリベ・カード（Carte de Talibe）」（写真 5-1、5-2）を発行し、一人一人のタリベにこのカードを持たせ、カード保持者がタリベであることと「保護者（マラブー）」を可視化し、第三者としてクルアーン学校教師組合がこのカードの有効性を保証する、というものであった。このカードを保持することにより、「ストリート・チルドレン」としての「物乞い」とタリベの「物乞い」を区別させようと企図したのである。マラブーたちは、この試みを称賛したが、多くのマラブーたちはタリベにこのカードを持たせることはなかった。プロジェクト自体が、配布された食料が過少であることや、配布先が特定のマラブーに偏るなどした結果、マラブーからはそれほど評価が得られぬままオペレーションについては語られなくなっていった。そして、先述のディコ氏は、タリベ・カードを失ってしまうことを危惧していると述べたが、こうしたタリベ・カードの発行の最中にすでに、政府のプロジェクトが下火になるタイミングと重なり、このカード

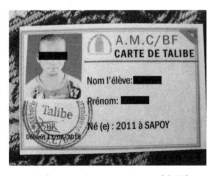

写真 5-1　タリベ・カード（表面）

写真 5-2　タリベ・カード（裏面）

自体を使用するケースは減少したため、このカードを総合的に評価すること
はできない。しかし、このカードが象徴した、現代のブルキナファソにおけ
るムスリムが置かれた環境は示唆的だ。インフォーマルに結びついているこ
とで十分だった、これまでのクルアーン学校の仕組みが、制度以外の場面で
もフォーマルになることが要請され、ムスリムもそれを受け入れなければな
らなくなった。これは、現代社会のひとつの現象である、監査文化（パワー
2003）に類するものではないだろうか。

おわりに

　本章では、「教育の近代化」が進行する西アフリカのイスラーム地域にお
いて、現段階のムスリム再生産の仕組みが、どのように変化しているのかを
議論してきた。特に着目したのは、政府、行政のさまざまな働きかけの中で、
どのようにイスラーム教育を維持するか、という点である。

　西アフリカ全体で、植民地期から取り組まれたイスラーム改革主義運動は、
アラブ世界的なイスラームに従属する形で始まり、現在でも、この流れは踏
襲されている。こうした流れの一方で、より世俗的な潮流として、ヴィタル
が述べるように、（イスラームの）宗教的リーダーは、教育や公衆衛生の領域
の基礎サービスのサプライヤーとして国家に代わって役割を担うようになっ
た（Vital 2016:148）。ブルキナファソのイスラーム教育に目をむければ、サワド
ゴ氏のクルアーン学校に見られたような、宗教的な使命と市民の教育熱、さ
らには貧困問題やコミュニティの問題が絡み合い、教育の担い手であるマラ
ブーが雁字搦めになっている。必ずしも国民国家の保持のためではなく、イ
スラーム教育の保持、さらに言えば、クルアーンを忠実に守り、イスラーム
的社会の保持のための活動の結果として、ヴィタルの指摘と合致していると
解釈すべきであろう。

　そして、クルアーン学校のタリベとタリベが日常的に行う物乞いを巡る、
イスラームと一般的な世論の間の認識の齟齬が、2018年のブルキナファソ
政府のストリート・チルドレン撲滅プロジェクトにより一気に前景化した。

この結果、目立ったコンフリクトが起こることはなかったが、これはクルアーン学校を運営するマラブーたちは、この問題の原因を探り、国や行政の文脈に合わせていく、という営みを見ることができる。この文脈では、その中間組織としてのNGO（クルアーン学校教師組合）がマラブーを組織化し、集団で行政とわたりあっている点も見逃せない。

　本章では、ブルキナファソのイスラームの教義的な問題には一切触れずに論じた。よって、本来イスラーム改革運動で議論すべき、主体的な現代イスラームの教育改革を論じるものではなく、この点は、別稿に譲ることとしたい。しかし、ここまでの議論からだけでも、ブルキナファソにおけるイスラームが志向する方向性はある程度明らかになったのではないだろうか。アサドが主張する言説的伝統論に従えば、ブルキナファソのイスラーム学校に携わるマラブーたちの営みは、クルアーンやハディースなどのイスラームのテクストに則したものであることは間違いなく、認識の差異をコンフリクトに発展させないように、状況に適応し、継続的な対話を目指している。しかし、これは近代にすり寄るということではなく、この社会の中に、イスラームが入り込む余地を確保し、信仰を保持するという、これまでのムスリムが行ってきた営みと地続きであるといえるだろう。

謝　辞

　本章のもとになった現地調査は、科研費（18H00781、17H02682）によって実現した。記して謝辞としたい。

注

1　フランス語圏では、NGOを始めとする任意団体をこのように呼ぶ。

2　AEMOは2005年に設立され、2009年にはカナダに本部を置くIBCR（International Bureau for Child Right）から支援を受けて活動を継続した（International Bureau for Children's right, 2017）。2018年にMFSNF傘下に編入された。

3　ブルキナファソの旧名

4　現在のイスラームの状況を鑑みるに、西アフリカばかりか本章の舞台であるブルキナファソという国民国家すら括りきることが困難である。現在、ブルキナ

ファソ国民の 6 割がムスリムだとされるが、イスラーム化が周辺民族から遅れたモシ社会では、必ずしも周辺諸民族と同じ地平で語りきることができない。そのため、本章では主にモシ社会を中心に描き出すこととする。

5 　元来、乾燥地で遊牧生活を送る人が多かったが、植民地期のころから定住化が始まり、現在ではほとんどのフルベが定住化している。早くからイスラーム化し、数々の帝国を設立し、西アフリカへのイスラームの伝播に強く影響した。

6 　ヤルセはマンデ系に出自を持つが、モレ (モシ語) を生活言語とし、モシとの通婚が常態化し、センサス上はモシとして数えられる。

7 　清水 2010、Audet-Gosselin Louis 2012 参照

8 　コートジボアールは、ブルキナベ (ブルキナファソ人) の主要な出稼ぎ先で、一時期は 300 万人と言われるブルキナファソ人が移民として居住している。

9 　ブルキナファソ南部サプイ (Sapoui) 県に位置する村落。17 世紀から 18 世紀にモシ王モロ・ナーバと結んだマンデ系のヤルセのイマームが当時のモロ・ナーバから与えられたとされ、現在ではモシ社会におけるイスラームの聖地となっている。

10 　1960 年にオート・ヴォルタ (現在のブルキナファソ) が独立した。

11 　ライシテの形容詞。ライシテとは、宗教の政治への不介入を示す語で、フランス革命の際にカトリックの政治加入を阻止するために定められた共和国の原則。

12 　ワガドゥグの旧来の街区

13 　セーファフラン。西アフリカ経済共同体(UEMOA)で使用される通貨で、対ユーロ固定レート (€1=655.957Fcfa)。

14 　当日、外国人研究者の寄付により全額を揃えて払い込みが完了した。

参考文献

石森大知・丹羽典生 (編) 2019『宗教と開発の人類学　グローバル化するポスト世俗主義と開発言説』春風社

清水貴夫 2010「都市計画が住民生活に与えるインパクトに関する都市人類学的考察〜ブルキナファソ、ワガドゥグ市のプロジェ・ザ カ Projet ZACA の事例から〜」『名古屋大学人文科学研究』第 39 号 , 名古屋大学院文学研究科 pp.61-74

──── 2017a「ストリートに生きる子どもたち　ブルキナファソの最大民族モシ」清水貴夫・亀井伸孝 (編)『子どもたちの生きるアフリカ』昭和堂

──── 2017b「西アフリカのイスラーム教育機関の経営環境の変化と新たな展開」藏本龍介 (編)『南山大学人類学研究所主催・公開シンポジウム講演録

『宗教組織の経営』についての文化人類学的研究』南山大学人類学研究所
　　pp.22-37
　　2018「ブルキナファソの「ストリート・チルドレン」と教育─近代化とイ
　　スラーム文化のはざまに生 きる子どもたち」澤村信英（編）『発展途上国の
　　困難な状況にある子どもの教育』明石書店 pp.204-222
千代浦昌道 1996「ブルキナファソ：構造調整と CFA フラン切り下げのインパクト」
　　『アフリカレポート』アジア経済研究所 No.22, pp.36-40
中尾世治 2020a「序 - 西アフリカ・イスラーム研究の新展開」『年報人類学研究』11
　　号　南山大学人類学研究所
─────2020b『西アフリカ内陸の近代　国家をもたない社会と国家の歴史人類学』
　　風響社
中尾世治・池邉智基・末野孝典・平山草太 2020『西アフリカ・イスラーム研究の新
　　潮流』『年報人類学研究』11 号　南山大学人類学研究所
パワー、マイケル 2003『監査社会　検証の儀式化』東洋経済新報社
Asad Talal 1986 *The Idea of Anthropology of Islam. Center for Contemporary Arab Studies*, George-
　　town University
Audet-Gosselin Louis 2012, Le Projet Zaca. Marginalisation, Resistances et Reconfigurations,
　　Pu Laval
Vital, Mara, 2016, "From Local to Transnational Challenges: Religious and Muslim NGOs in
　　Burkina Faso", Le Blanc, M. N. and Gosselin, L.G.（eds.）*Faith and Charity Religion
　　and Humanitarian Assistance in West Africa*, Pluto Press
Savadogo, Gomez-Perez and LeBlanc 2016, "Reflection on the Socio-political Roles of Islamic
　　NGOs in West Africa: Senegal, Côte d'Ivoire and Burkina Faso", Le Blanc, M. N.
　　and Gosselin, L.G.（eds.）*Faith and Charity Religion and Humanitarian Assistance in West
　　Africa*, Pluto Press
DEME Hatimi 2007 "La problématique psycholonguistique de l'enseignement bilingue fran-
　　co-aravbe au Cours Préparatoire" Memoire de fin de formation a la fonction d'ins-
　　pecteur de l'enseignement du Premier degree
Tomalin, M 2013 *Religious and Development: Routledge Perspectives on Development*, Routledge
Skinner African Urban Life, Prinston University Press
MEBA 省令 n 74-139-PRES/EN mai 1974
International Bureau for Children's right 2017 *État des lieux du système de protection de l'enfant au
　　Burkina Faso portant sur les rôles et responsabilités des policiers, des gendarmes, des travailleurs
　　sociaux et du personnel de justice*
Ware III, Rudolph T. 2003 *The Walking Qur'an, Islamic Education, Embodied Knowledge, and History
　　in West Africa*, UNC Press

Web

World Bank Edstats

　　　　https://datatopics.worldbank.org/education/country/burkina-faso（2020 年 10 月
　　　　3 日最終閲覧）

新聞

Sidwaya Paalga 2018 年 8 月 7 日

6章
村の発展を目指した「良いムスリム」を育てる教育改革
──モロッコ農村観光地の事例より──

黒川智恵美

はじめに

　イスラームを国教とするモロッコ王国(以下モロッコ)において、イスラーム教育は、イスラームを保持するためにその重要性が訴えられている一方、近代化と経済発展のために近代教育の拡大に追いやられるという矛盾が存在する。その中で、ムスリムは自分たちのイスラーム教育の保護と、自分たちが住む地域の経済活性化の両立において、どのような教育改革を目指すのだろうか。本章は、観光業を主要産業とし、異文化との接触が多いハミリヤ村を事例に、イスラーム教育の保護および村の活性化を目指した村レベルのイスラーム教育改革を考察する。

　ハミリヤ村へは、まずモロッコ第一の都市カサブランカから南東の方角へ電車と夜行バスを乗り継ぎ約15時間、サハラ砂漠の玄関口として人気の高い観光地メルズーガに到着した後、そこからさらに車で15分移動してようやくたどり着く。砂漠にぽつんと国道13号線を囲むように集落が形成されたハミリヤ村は、モロッコの民族音楽の一つであるグナワ音楽で有名な村である。モロッコ各地で見ることのできるグナワ音楽であるが、ハミリヤ村のグナワ音楽は他地域と比較して伝統的な形式を保持しているといわれている。国内外から観光客が訪れ、グナワたちはガンガー(太鼓)の太い音とカルカバ(亜鈴型鉄製カスタネット)のガチャガチャした音を奏で、そして歌で観光客を出迎える。この人口400人[1]程度の小さな村の住民たちは、全村民がムスリムであり、モロッコの主要派であるスンナ派マーリク法学派[2]のイスラー

ムを信仰している。彼らのイスラームの性格はムスリムとしての保守的な生活の在り様を保持しつつも、観光地として村をグローバルに開放している。そして、同村では国内の他地域と同様に近代教育が人々のライフコースに組み込まれている。

　本章では、まず第1節においてモロッコのイスラーム教育を概観した後、第2節でハミリヤ村におけるイスラームの性格および村民の就学行為について説明する。そして、村におけるイスラームの学びの場の変遷（第3節）、村民による非政府組織アソシアシオン・ハミリヤ（以下、アソシアシオン[3]）の子どもたちへのイスラーム教育の普及計画（第4節）から、ハミリヤ村におけるイスラーム教育の保護および村の活性化の両立を目指す改革を考察する。

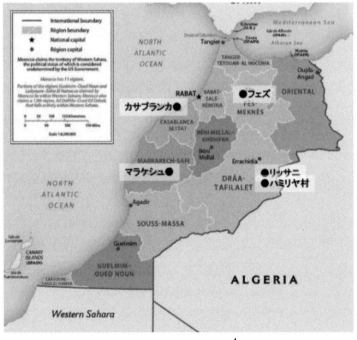

図6-1　モロッコ地図[4]

1.　モロッコにおけるイスラーム教育の発展

　モロッコは国民の9割がイスラームを信仰するイスラーム国家である。7世紀にアラビア半島から伝わったイスラームは、政治的および文化的にモロッコに深く根をはり続けてきた。イスラームは知識の獲得を説き、日常生活と密接に関わり合う宗教であることから、ムスリムにとってイスラームを学ぶことは生きる上で重要な意味を持つ。本節では、モロッコにおけるイスラームの学びが、コミュニティから国家レベルへと拡大し、西洋式の近代学校教育、そして国際的なイスラーム過激派との対テロ戦争の文脈にモロッコのイスラーム教育がどのような影響を受け、変革してきたかを概観する。

1.1　クルアーン学校教育の発展

　859年、モロッコ最初のイスラーム王朝であるイドリース朝の王都フェズにカラウィーイーン・モスクが設立された (Benahnia 2015)。人びとが集まる祈りの場であった同モスクが高等教育機関としても機能したのはムラービト朝 (1056〜1147年) 期のことだといわれている。当時のカラウィーイーン大学では、イスラーム諸学の他に天文学や医学などが教えられ、マグリブやアンダルス、サハラ砂漠など国外から多くの学生が集まり、卒業生はイスラーム世界の各地で活躍した (飯山 2007)。カラウィーイーン大学を始めとするモロッコのイスラーム高等教育機関は、近代教育が普及する20世紀中頃までは知識人を養成する場として、モロッコのエリート層を養成してきた。

　では、子どもたちを対象としたイスラーム学校教育はどうだろうか。開始時期については諸説あるが、『モロッコの伝統的クルアーン学校』の著者ハムダウィは、ムラービト朝の12世紀ごろ (Hamdaoui 2010:73) と述べている。子どもたちを対象にイスラームを教えるこの学びの場はクルアーン学校と呼ばれ、コミュニティによって運営された。モスクや集会所のような場所がクルアーン学校となり、フキー（宗教教師）が黒板に書いたクルアーンの章をひたすら朗誦する寺子屋のような教育方法でアラビア語やクルアーン、イスラームの宗教行為について教授した。クルアーン学校に入学や修了の規則は

無く、現在の就学前教育段階にあたる 4, 5 歳から 10 代前半くらいまでの子どもたちがクルアーン学校に通い、全クルアーンを暗記しようがしまいが、いつ通学を止めようが個人の自由であった。さらにイスラームの学習を深めたい者は、都市部にのみ存在したより高度なクルアーン学校に通い、その後の進路には前述のカラウィーイーン大学など最高学府であるイスラーム大学が存在した。

1.2 クルアーン学校教育から近代学校教育へ

　19 世紀に入ってイギリス、フランス、スペインの列強の圧力を受けたモロッコは、1912 年、フランスとスペインの保護領となった。フランスの制度化された近代学校制度を取り入れた結果、国内におけるエリート層向けの近代学校教育、そしてクルアーン学校教育の二大教育体制が出来上がった。保護領下におけるクルアーン学校教育にはその需要が衰退した地域および重要だと捉えられていた地域の双方が存在した。例えば、アイケルマン (1985) によると、1940 年頃には、マラケシュから 130 キロメートル離れた農村において、モロッコの伝統的クルアーン学校教育はすでに衰退していたという (p.43)。その反面、モロッコ南部の農村では、1990 年代になっても、経済的理由ないし従来のイスラームの学び方を望む親の希望から、近代教育でなくイスラーム教育を受ける子どもが多かったことも明らかとなっている (Houtsonen 1994)。同じ農村でも両者の価値観が存在する中、国内における近代教育の普及は止まらなかった。

　1956 年、モロッコがフランスとスペインから独立すると、まず植民地政府によって弱められたアマジグ（ベルベル）[5] とアラブ民族の連帯性を強めるため、政府はモロッコのナショナルアイデンティティの構築としてアラブとイスラームに着目し、アラビア語化教育政策を実施した。その一方で、国の経済を発展させ、個人が良い稼ぎを得るためにはフランス語が必須であると、私立学校ではフランス語による授業が行われ、都市部の上流・中流階級は、アラビア語で授業を行う公立学校より私立学校を好んだ。こうして、政府のアラビア語政策は経済的に私立学校に通学できない、またはそもそも私

立学校のない農村部に留まり、その結果アラビア語教育を受けた農村の人た
ちは経済システムの外部に追いやられ、都市部を中心としたフランス語で教
育を受けた人たちが経済をけん引する仕組みが出来上がった。このような社
会構造は言語政策に限らず、イスラーム教育か近代学校教育かという議論に
も当てはまる。政府はイスラーム国家としてイスラーム教育の普及に言及す
る一方で、経済発展のためには近代教育こそが有益であるとの民意が存在し
た。こうして伝統的イスラーム教育の需要は減衰していった。

　1968 年、当時の国王ハサン 2 世は、国内外におけるイスラーム過激派の
活動に対し、モロッコの若者の道徳的秩序への懸念を表明し、それまでコミュ
ニティが運営していたクルアーン学校を政府の管理下に置くこと（Houtsonen
1994:496）、子どもたちが初等教育開始前の 2 年間をクッターブ（イスラーム教
育機関）ないし幼稚園（近代学校教育機関）に通うよう言及した[6]（Eickelman 2007:
143）。これまでも学齢が定まっていない自由なクルアーン学校は就学前教育
機関としての役割を果たしていたといえるが、政府は改めて就学前教育へ
のイスラーム教育の導入を制度化した。しかし、1970 年代に入っても農村
のクルアーン学校まで政府の支援は入っていなかったとの指摘もある（Tawil
2006）。

1.3　対テロ戦争に向けた穏健なイスラーム教育の普及を目指した動き

　国王ハサン 2 世の治世で現在の外枠が形成されたモロッコのイスラーム教
育は、彼の息子である現国王ムハンマド 6 世によって、穏健なイスラームの
普及を目指すイスラーム教育改革が進められている。国内各地のイマームが、
穏健なイスラームを説くことができるよう、2015 年にムハンマド 6 世イマー
ム等指導者養成学院（Institut Mohammed VI de formation des Imams prédicateurs et des
prédicatrices）を創設し、モロッコに限らず西アフリカ諸国やフランスのイマー
ムの養成も行う（Ministère des Habous et des affaires islamiques n.d.）など、モロッコ
は地域の穏健なイスラーム教育の普及に関する役割を担っている。

　穏健なイスラーム教育改革が必要であるという議論が発生した一番の契機
は、2003 年にモロッコ第一の経済都市カサブランカで発生した同時爆弾テ

ロ事件である。外国人および実行犯を含む45名が死亡し、国内イスラーム過激主義組織のメンバーが逮捕された（外務省 2020）。テロ事件後、イスラーム教育が過激派思想の誘因になりかねないというイスラーム教育に対する否定的な意見から、改革が求められるようになった。これに対して国王ムハンマド6世は、カリキュラムや教科書の見直しを要請した。ワインスコット（2015）は、確かにカサブランカのテロ事件がイスラーム教育改革に影響を与えたといえるが、国内において改革の動きは以前からあったと指摘している。さらに、事件後に国内外の世論が宗教教育に批判的になった時、イスラーム教育関係者はモロッコのイスラーム教育は暴力を助長するのではなく、むしろ予防接種の役割を果たしていると反論したという。この頃、2000年代前半のモロッコでは、万人のための教育の世界的潮流を受け、義務教育の導入や義務教育無償化といった積極的な教育拡充政策が実施され、2002年には初等教育の粗就学率が100％を達成するほど、教育はモロッコ社会において普遍的なものになっていた。こうした近代教育拡充の流れもあり、近代教育に組み込まれたイスラーム教科教育の改革は不可欠であった。

　さらに2016年、国王ムハンマド6世はイスラームの穏健さに焦点をあてたイスラーム教育を行うと新たなイスラーム教育改革を呼びかけた（Lamlili 2016）。その結果、性差別に関する表現や、暴力を助長する可能性のある挿絵や表現がイスラーム教科だけでなく他の教科からも一掃されることとなり、新たな教科書が出版された（ibid）。

　以上のように、モロッコにおけるイスラーム教育のメインストリームは、子どもたちが自由にクルアーン学校に通い、アラビア語やイスラームの規範をフキーから教えられ、クルアーンの暗唱をしていた学びから、政府が運営する学校に通い、穏健なムスリムを育てるためのカリキュラムに沿った学びへと変容した。一方で、農村の中にも都市部同様に近代教育を普及させた地域もあれば、伝統的なイスラームの学びを保持する地域もあった。しかしながらアイケルマン（2007）が、近代学校教育をより高い役職やより良い雇用機会と結びつけることによって、伝統的イスラーム教育の学習を集合的記憶に追いやっていると指摘したように、近代化の流れと共にクルアーン学校は過

去のものとなり、全国で近代学校の拡大が進んだ。

1.4　現在の学校体系

　以上の発展を遂げたモロッコの教育機関の現在の学校体系について、就学前段階から高等教育段階、成人教育も含めた概要を先行研究や現地調査での聞き取りを基に**図6-2**にまとめた。ワグナーとロトフィ（1980）は、モロッコのイスラーム教育体系は複雑で、イスラーム教育研究の分析の難しさはこの多様性にあると指摘している。よって本節がモロッコにおける全てのイスラーム教育機関を包含出来ていない点に留意されたい。以下、国内のイスラーム教育をフォーマル教育とノンフォーマル教育に分けて概観する。

　政府が管理するフォーマル教育は、フキーと共に学んでいた歴史的なクルアーン学校の流れを受ける伝統的イスラーム教育機関（図6-2上段）と、欧州の保護領下に導入された近代教育機関（図6-2中段）に大きく分けることができる。現在、モロッコでは近代教育に対してイスラームを中心に学ぶイスラーム教育機関（図6-2上段）は、アラビア語で、「アル＝マドラサ・アル＝アッティーカ：al-madrasa al-'atiqah」と呼ばれ、直訳すると「伝統的学校」となる[7]。よって、本章ではこれまで見てきた過去のクルアーン学校と差別化するため、現

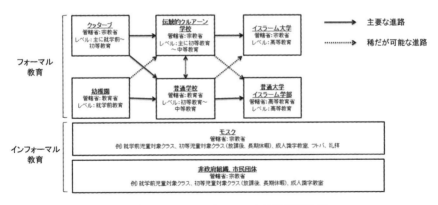

図6-2　モロッコのイスラーム教育機関体系

（Wagner & Lotfi 1980; Boyle & Boukamhi 2018）や聞き取り結果を参考に筆者作成

在、宗教省によって運営されるイスラーム教科を主として、算数、理科など
の一般教科も学ぶ教育機関を「伝統的クルアーン学校」と呼ぶ。1956 年の独
立以降、イスラーム教育を含めた教育は政府の管理下におかれ、公教育は教
育省、イスラーム教育は、就学前から高等教育において宗教省が管轄している。

　政府が初等教育の準備機関として、就学前教育段階でのイスラーム教育
を推進しているとおり、就学前教育機関に通う児童全体の 6 割がクッターブ
に通っており、幼稚園よりクッターブを好む傾向がある (CSEFRS 2017)。なお、
教育省が管轄する幼稚園においてもクルアーンやアラビア語が教えられてい
る。

　初等から中等教育においては、宗教省管轄の伝統的クルアーン学校と教育
省管轄の普通学校がある。就学前教育ではイスラーム教育機関が好まれる傾
向にあった一方、これが初等教育レベルになると逆転し、普通学校に通う
子どもが大幅に増える。2014 年の統計では、伝統的クルアーン学校に通う
子どもは、普通学校に通う子ども全体の 1 割未満であった。伝統的クルアー
ン学校も公立および私立校に分かれ、双方が宗教省のカリキュラムに沿って
教育を施している。モロッコ東部のドラア＝タフィラルト地方に位置する A
町では、町内に 4 つの伝統的クルアーン学校があり、男子学生より女子学生
の方が多く在学する傾向がみられる[8]。

　図 6-2 中の矢印に関し、実線は主な進路、点線は稀ではあるが就学が可能
なケースを表している。伝統的クルアーン学校と普通学校の間にある矢印
は、生徒の双方の移動を示している。普通学校の授業についていけなくなっ
た生徒が伝統的クルアーン学校に入学するケースもあれば、その逆も有り得
る。A 町と同じドラア＝タフィラルト地方の B 市の伝統的クルアーン学校で
教師をしていた女性によれば、貧困世帯を対象とした補助金目当てで子ども
を伝統的クルアーン学校に通わす親がいるということであった[9]。このよう
に、あらゆる教育機関でイスラームが教えられるモロッコにおいて、伝統的
クルアーン学校の入学理由は、イスラームの学びだけが目的ではないようで
ある。また伝統的クルアーン学校の卒業生でも高等教育進学に必要なバカロ
レア資格を取得すれば、普通学校を卒業していなくとも普通大学で学士号や

修士号を取得することができる (Boyle & Boukamhi 2018)。このように、イスラーム教育と近代教育を行き来できるシステムが構築されている。

　最後にノンフォーマル教育としてあらゆる世代に向けたイスラームの学びの場がモスクや非政府組織、市民団体を中心に展開されている。イスラームを学ぶ場所として多種多様な教育体系を指してきた「クッターブ」というアラビア語の単語は、現在においても多様な使われ方をしている。前述した宗教省が管轄する就学前教育機関だけでなく、普通学校に通う小学生が休暇中や放課後、週末を利用してモスクや非政府組織、市民団体、個人の家などで学ぶノンフォーマル教育を指す場合もある。また成人教育に関しては、「非識字対策庁 (Agence Nationale de Lutte contre l'Analphabétisme)」という宗教省傘下の政府組織が、識字率の向上を目指し、非識字の女性たちをターゲットに識字、計算に加えてイスラーム教育を提供している。本章では、前述のフォーマル教育に対し、学校外でのイスラーム教育をノンフォーマル教育とひとまとめにするのは、ノンフォーマル教育がインフォーマル教育と違って「組織化され、体系化された教育活動を指す (日本比較教育学会 2012:309)」ものであると捉えるからである。一般的に、モスクや非政府組織、市民団体が学校教育外でイスラーム教育活動を行う場合は政府の許可が必要となる。

2. 調査地：ハミリヤ村

　本章は 2012 年に筆者が世帯悉皆調査を行い、初等教育レベルにおける近代教育の村民皆学の達成を確認したドラア＝タフィラルト地方のエルラシディア県ハミリヤ村に焦点をあてる。エルラシディア県は、モロッコ内における「最貧困地域の一つで、周辺地域から隔絶され、厳しい自然環境のもと、住民は厳しい生活を強いられてきた (NTC インターナショナル株式会社 2016:77)」地域である。

　ハミリヤ村の歴史は新しく、1950 年から 60 年代にかけてサハラ砂漠で遊牧生活をしていたアマジグおよびグナワの複数の家族が定住生活を送るために集まってできた人口 400 人程度の村である。当初は、モロッコの他の農村

写真 6-1　村の中央を縦断する国道 13 号線からグナワ音楽のサロンへと続く道。道の左右に日干しレンガの住居が並ぶ。

地域と同様に農業が村の主要産業であったが、痩せた土地での農業は容易ではなく、ここ 20 年で観光業が発展した。その背景には、同村がサハラ砂漠の玄関口であるシェビ砂丘の麓にあり、人気の高い観光地メルズーガから車で 15 分程度の距離であること、グナワ音楽という観光資源を持つことがあり、近年観光業に携わる村民が増えており、また村の観光客の受入規模も年々拡大している。

　本節では、村民がムスリムとしてどのような暮らしを送っているのか、イスラームに起因する村民のホスピタリティについてまとめ、村での就学行為をふりかえる。

2.1　村民のムスリムとしての暮らし

　ハミリヤ村は村民全員がムスリムである。村民のムスリムとしての性格は、ムスリムとしての保守的な生活の在り様を保持しつつも、観光地として村を

グローバルに開放している。

　まずこの小さな村に、食料品や日用品を購入する市場や店舗はない[10]が
モスクはある。モスクは村の中でも住居が密集する場所にあり、いかに宗教
が村民の生活に根付いているかがわかる。現在モスクのイマーム（宗教指導者）
は、首都ラバトのムハンマド5世大学でイスラーム学を専攻した村の出身者
である。彼は大学卒業後、隣村の郵便局員の職を得て帰村したが、当時不在
だった村のイマームに就いてほしいと村民から要請を受け、郵便局員の仕事
を続けながら週1回、金曜礼拝のみ行うことからイマームの仕事を開始した。
2010年[11]、政府がモスクの管理を強化するためにイマームの資格試験を設け
たことから、試験を受け、現在政府公認のイマームとして郵便局でも週に2、
3日働きながら活動している。モロッコ国内のモスクは全て宗教省の管轄下
にあり、イマームの給料も宗教省から支払われる。しかしイマームの給料は
安く、兼業している人が多いという。

　毎週金曜日のジュマア礼拝（昼の礼拝）では、イマームのフトバ（礼拝後の
説教）があるためいつもより多くの人が集まる。モロッコでは、その礼拝後、
クスクス[12]を家族や近所の人と囲んで食べるのが慣わしであり、ハミリヤ
村でも同様の光景が見られる。

　イスラームの保守的な性格は村民の服装に代表される。モロッコ都市部で
は、髪をおろし、Tシャツにジーンズなど体のラインが強調される服装をし
た女性をよく見かけるが、地方へ行くほど女性たちはヒジャブで頭部を隠し、
体のラインが隠れるゆったりとした民族衣装ジュラバを着ている人の割合が
多くなる。ハミリヤ村も例外ではなく、一般的に女子は小学校の中・高学年
になるとヒジャブを身に着けるようになる。男性の服装に関しては、若者は
都市部の若者と変わりないが、中にはジュラバを日常的に来ている人もいる。
また、観光業に携わる者は、仕事中のみ頭部にターバンを巻いてジュラバを
着て、伝統的なモロッコ人を演出する人が多い。

　宗教的な保守性とは言い切れないが、村の慣習の一つに「女性は台所へ」
という決まり文句がある。外へ働きに出るのではなく、家事を行うことが女
性の仕事だという意味である。女性の慣習はイスラームに基づくことが多い

が、その解釈は時代や地域によって様々である。近年、イスラームを前提に男女平等を実現しようとするイスラーム・フェミニズムの潮流がモロッコを含むイスラーム世界で広がりつつある（岩崎 2008）といわれているが、ハミリヤ村では家父長制に基づく生活様式が続いている。2012 年の調査で明らかになったことは、男性が経済活動を行い、女性の多くは既婚でも未婚でも家族のため家事労働に従事していたことであった。就学後に経済活動を行うというライフコースをたどる女性は少数派であった。現在は村内で観光客への料理を用意したり、宿泊施設の掃除をしたりするなど観光に関わる仕事や、村外の職に従事する女性も増えつつあるが、「女性は台所へ」と説明される慣習は現在も残る[13]。欧州からの観光客が多く訪れ、村としてグローバルな文化に触れる機会は増加しているが、その文化に最前線で触れるのは主に男性である。女性が観光業に関する仕事に携わりつつあるといっても、裏方の仕事が中心で、彼女たちは伝統的な生活様式を今も引き継ぎ、イスラーム・フェミニズムのような新しいスタイルはまだ村には届いていないといえる。

　国内外からの客を歓迎する開放的な性格は、この村の主要産業と密接に関わっている。ムスリムの遵守すべき慣行がまとめられたハディース（預言者言行録）には、ムスリムにとって旅人をもてなすことはスンナ（慣例）であると記されている。つまりできる限りのもてなしを客人に与えることは、ムスリムである村民にとって宗教行為であり、村民に言わせればムスリムである以上当然のことである。この観光業を生業とする村にとってこのスンナは重要な意味を持つ。

　以上のようなモロッコの田舎像とも呼べる保守的なイスラーム性および生活様式がハミリヤ村にはある一方で、観光地でもある村は開放性が高く、旅人をもてなせというスンナがハミリヤ流のもてなしとして村の気質を特徴づけている。では、ハミリヤ流のもてなしとはどのようなものだろうか。

2.2　ハミリヤ流のもてなし

　ハミリヤ村といえばグナワ音楽が有名であり、年中国内外から音楽を聴きに観光客が訪れる。30 センチメートルほどの亜鈴型鉄製カスタネットのカ

ルカバを両手につけて小刻みに鳴らし、左右に揺れ動いたり、屈伸運動をするかのように全身を使って跳び踊ったりする姿が特徴的である。グナワは西アフリカから16世紀に奴隷や傭兵として連れて来られた黒人の子孫である。カルカバの小刻みなリズムは、奴隷として連れて来られた道中、手足の錠があたる金属音を表現しているという。このグナワ音楽は、有名な観光地であるマラケシュのジャマエル＝フナ広場やエッサウィーラなどモロッコ各地で見ることができるが、ハミリヤ村のグナワ音楽は他地域と比較して伝統的な形式を保持しているといわれている。

　従来、ハミリヤ村でグナワ音楽は、祭事や結婚などの特別な祝い事のみに演奏されていた。しかし1996年、この伝統的な音楽の普及と保護を目的に、村のある一家によってグナワ音楽グループが結成された。彼らはより多くの人たちに聴いてもらうため観光業に着手し、村に観光客を呼んで演奏活動を始めた。現在村には2つのグループがあり、村だけでなく国内外で演奏を行っている。こうした村民の音楽活動や、毎年1回村で開催される「サダカ」というグナワ音楽の祭事は、ハミリヤ村をこの地域でもグナワ音楽で有名な村にしている。

　モロッコの旅行ガイド本やインターネットサイトには、執拗な客引きに対する注意喚起が書かれ、砂漠、山、海、建造物の美しさだけでなく否定的な側面も紹介されているのがモロッコ観光の現実である。しかし、ハミリヤ村を訪れる多くの観光客は村での滞在に満足し、村民のもてなしを高く評価し、予定より長居する者も少なくない。彼らは村民の人の良さを称賛するが、ムスリムの村民と外部の客人との間に、快適な距離感が存在すると考える。例えば、イスラームで飲酒はハラーム（禁止）であり、酒を提供することも良いとはされていない。こうした宗教規範がある中で、国内の他の観光地では外国人をターゲットに酒を販売する場所が多い。しかし、ハミリヤ村では自分たちはムスリムであるという理由で、酒の販売をビジネスにすることは考えていない。その一方、観光客の酒類の持ち込みは禁止しておらず、両者には快適な距離感が存在していると考えられる。こうしたその他の観光地と村を比較した際に、イスラームの価値観を大事にするハミリヤ流のもてなしが、

写真 6-2　ハミリヤ村のグナワ音楽。観光客の前で演奏中。

写真 6-3　結婚式の一場面。頭部をすっぽりと覆った女性たちも歌でグナワ音楽に
　参加する。女性の参加は国内でも珍しく、ハミリヤ村が伝統的なグナワ音楽を継
　承しているといわれる一因である。

村での滞在の居心地のよさを高めているのかもしれない。

2.3　村民の就学行為

　2020年現在、村には1960年代前半に設立された公立小学校が1校あるのみで、伝統的クルアーン学校は無い。6年間の小学校を修了すると、子どもたちは隣町のタオズの寄宿舎付の中学校に入学する。平日はタオズで過ごし、週末になると村に帰るのが一般的である。またタオズに高校がないため、さらに違う町へと子どもたちは教育レベルが上がるごとに移動して教育を受ける。

　2012年の調査において、1990年頃に村では初等教育の村民皆学を達成したことが明らかとなった。国内において粗就学率が100％に到達したのは、男子が1981年、女子が2003年であることから、女子教育は他の地域よりも早く普及したといえる。また、モロッコが義務教育の無償化など教育拡充政策を開始したのが2000年代であったことから、初等教育に関しては、村では政策に左右されず、早くから子どもたちの就学が一般化していたと考えられる。しかし、中等教育以降においては2012年時点でも初等教育修了と共に就学行為を止める女子もわずかであるが確認された。さらに、グナワ音楽ミュージシャンも含めた、観光業に携わる者の最終学歴を調べたところ、未就学者から高等教育修了者まで学歴の差は大きく、村の主要産業と学歴の関係性は見られなかった。観光業に従事する村民の中には、複数の外国語を話す中年男性の最終学歴は初等教育、という人もめずらしくない。

　前述のとおり、ハミリヤ村では、イスラームをより深く学ぶために伝統的クルアーン学校に通う選択肢はなく、他の町へ行く必要がある。一番近いのは車で約1時間のリッサニである。2019年の調査においては、伝統的クルアーン学校に通う子どもはいなかった。よって、村においては小学校とモスク、非政府組織アソシアシオン・ハミリヤがイスラーム教育を提供する機関となるが、昨今モスクの子どもたち向けのクラスはラマダーン月の1か月に限られている。アソシアシオンは、子どもや成人の教育活動の向上などを目指して活動している村民が設立した団体で、2012年の調査時は、教師の欠勤に

より小学校が機能しておらず、その代わりとしてアソシアシオンが子どもたちに教育を提供していた。アソシアシオンがイスラーム教育を子どもたちに提供していた時期もあったが、2019年時点では、村の出身者が1名、村の小学校に赴任して6年目の教師が1名、と小学校の体制は大きく変わり、計3名の教師が指導できる環境が整ったことから、成人女性への識字教室の活動に力を入れていた。

　以上のようなイスラームの性格を持ち、国内の他地域と同様に近代教育が人々のライフコースに組み込まれたハミリヤ村において、農村部で進行する主体的なイスラーム教育改革に関する考察を行うため、2回の調査（一次調査（2019年2月25日〜3月19日）、二次調査（2020年8月〜9月前半））を行った。一次調査はハミリヤ村を訪問し、半構造化インタビューを実施した。7名のイスラーム教育供給者（小学校教師：4名、識字教室教師、アソシアシオン所長、イマーム：各1名）、20〜70歳の16名の村民にインタビューを行った。また、ハミリヤ村に伝統的クルアーン学校がないため、伝統的クルアーン学校に関する情報は近隣のA町とB市で関係者に聞き取りを行った。二次調査に関しては、2020年5月に現地調査を予定していたが、新型コロナウィルスのため渡航を中止し、グーグルフォームを用いた多項選択式による質問票をオンライン上に作成し、13〜32歳の20名のデータ収集を行った。

　本章では、就学前から中等教育を修了する18歳未満を子ども世代、18歳以上から20歳代を若者世代、30歳代を盛年世代、40〜50歳代を中年世代、60歳代以降を老年世代と分類して分析を行う。

3. 礼拝の学びからみるイスラームの学びの場の変遷

　ハディースに「子供が七歳になったら礼拝をするように命じなさい。十歳になったら力ずくでも礼拝させなさい。」[14]とあるように、小学1，2年生になれば1日5回の礼拝をすることが義務付けられている。イスラームには信仰の義務である六信五行と呼ばれる6つの信じるものと5つの行動があり、1日5回の礼拝は五行のうちの一つである。このムスリムの基本である礼拝

に焦点をあてた社会学研究は少なく、小杉 (2007) は、文化人類学では日常的な礼拝よりも儀礼に関する研究が多い点を指摘し、中東と東南アジアの複数の国のフィールドワークを通して、実際にムスリムたちが実践する礼拝の方法に関する研究を行った。その結果、細部の差異はあるものの、礼拝には複数の地域間で一定の共通性がみられることを明らかにした。しかし彼女の研究の視座は礼拝の方法にあり、本章が注目する礼拝の学びやその学習の場の変遷については触れていない。

　そこで本研究では、一次および二次調査において、礼拝を学んだ場所および誰から学んだかを質問し、各インフォーマントより複数の回答を得た[15]。それらの回答を世代別に並べた結果、全世代が家庭、特に親から礼拝の方法を学んでおり、中年世代から若い世代に進むにつれてモスクから小学校へと学びの場が変遷したことが確認された (図6-3)。

　今回、老年世代は女性 1 名のみの回答しか得られなかったため、回答を一般化して捉えることはできないが、2012 年時の調査において当時 60 歳以上の村民 23 名のうち 2 名が他の村や町のクルアーン学校に通った経験があるのみで、その他は未就学であることを確認した。次に、中年世代においては、家庭に加えて就学経験のある者は「小学校とモスク」、未就学者は「モスク」と回答した傾向が見られた。すなわち、男女の初等教育の萌芽期にあった 1970 ～ 80 年代においては、就学経験がある場合はモスクと小学校の双方で学び、就学経験が無い場合もモスクに通って、礼拝の方法やクルアーン、アラビア語を学んでいたことがわかる。そして盛年世代は、彼らの学齢期にハミリヤ村の初等教育村民皆学を達成しており、「モスク」と回答する者が減少する傾向が見られた。最後に、30 歳未満の若者世代および子ども世代において「モスク」の回答はさらに減った。この二世代において「モスク」と回答した者の出生地はハミリヤ村ではなく、ハミリヤ村出身者から「モスク」の回答は得られなかった。

　このように全世代において家庭が礼拝を学ぶために重要な役割を担うのは、子どもたちへの教育は第一に両親の務めであるということがイスラーム法学者たちによって言説されてきたことが関係するだろう。マーリク法学派の代

表的な法学者であるサフヌーンは、子に教育を施すことは、父親に課された義務であることを明言しており、マーリク法学派においては同じスンナ派の他の三学派と比較して父親の存在意義が大きいという (小野 2019:215-220)。しかし、ハミリヤ村における調査では、礼拝の方法だけでなく、クルアーンに関しても父親と比べて母親から学んだと回答した人が多かった。これら回答に世代および性別による差は見られなかった。村民には、父親は外で働き、母親は家でごはんを作り、そうじ、洗濯をして、子どもたちを教育するという家族像がある。仕事のため外で過ごす時間が長い父親の代わりに、誰よりも一緒に過ごす時間が長い母親に子どもたちの師となる役割が課せられている。

　また村のモスクは開設当時からずっとクルアーン学校の機能を有していたわけではない。この小さな村において、教師の人手不足は小学校もアソシアシオンも全ての教育機関が抱えてきた問題である。この事実がモスクの回答を減らしていることも想定できるが、それ以上に学校教育の役割が大きいと考える。一次調査において、2 年生のイスラームの授業を参与観察した。その日の授業は礼拝についてであり、教師が生徒の一人を前に立たせ、「どの方角を向くのかな？」、「どのスーラ (クルアーンの章) を読むのかな？」などと生徒らと一つずつ動作を確認しながら、礼拝の実践的な方法を教えていた。このように子どもたちは、モスクに行かずとも小学校でイスラームの実践について学ぶことができるのである。

学びの場と 指導を受けた者	老年世代 (60 歳以降)	中年世代 (40～50 歳代)	盛年世代 (30 歳代)	若者世代 (18 歳以上～ 20 歳代)	子ども 世代 (18 歳未満)
家庭 (親／兄弟姉妹／親戚)	■	■	■	■	
モスク (イマーム)		■	■		
小学校 (教員)				■	■

図 6-3　ハミリヤ村村民の礼拝の学びの場の変遷

　以上より、礼拝というイスラームの基本行動を通してイスラームの学びの場の変遷を見てみると、まず家庭の役割の強さが全世代において明らかとなった。とりわけ幼少期に常日頃を共に過ごす母親の役割は大きいといえる。そして、近代教育の普及と共に、学びの場はモスクから小学校へと移行したことも確認された。

4.　個人から、社会のための学びへ

　イスラームの学びの場の変遷を確認してきたが、場所を変えつつもイスラームの学びが途切れることはなく、本調査においてもイスラームを「勉強したことがない／勉強していない」と回答する人は皆無であった。ムスリムは何のためにイスラームを学び続けるのだろうか。

　エジプトで人気を博しているイスラーム説教師に、アムル・ハーレドという人物がいる[16]。八木 (2010) は、ドゥストゥール紙に掲載されたハーレドの文章を引用して、彼の目指す改革である「信仰による成長」とは、「神への信仰心が人を崇拝行為の実践に駆り立て、その結果として精神的な鍛練や発展を経験し、それが最終的に社会の発展にもつながる (p.123)」と要約した。また、礼拝以外の五行にザカート（喜捨）というものがある。これは社会の一構成員として個人が社会のために支払うものであり、集まった資金はモスクや学校の建設などコミュニティに役立つ使い方がされるものである。これらのように、イスラームには、個人の学びおよび宗教行為の実践を通して、最終的に社会の発展に寄与するという個人の信仰と社会の関係性が存在する。つまり、イスラームを学ぶことは決して個人のためだけに留まらないものである。

　ではここで、2人の村民のイスラームに関する語りに注目し、個人の信仰と社会の関係性を見ていこう。

　　モロッコでもイスラームのことをきちんと理解している人たちがいて、（そのような人たちは）慈善活動を行っているよ。（若者世代・男性・学生）[17]

　子どもたちはイスラームにあまり関心を持っていないんだよ。世界には
　イスラームと称して戦う人たちがいて、彼らがイスラームのイメージを
　悪くしている。そのことが、子どもたちの(宗教への)関心を低下させて
　いると思う。(中年世代・男性・無職)

　上記の学生のイスラームに関する語りは、個人のイスラームへの信仰の理
解が、慈善活動という行為につながり、良い社会を構築していくという、前
述したハーレドの目指す「信仰による成長」と同じ概念である。その一方で、
社会が個人に影響を与えることもある。上記の無職の男性は、宗教に関係な
くテロリストが世界中にいるにも関わらず、ムスリムはテロリストと結びつ
けられる社会的風潮があり、このイスラームと関連付けられた否定的なイス
ラーム像が社会に広がることにより、子どもたち個人の信仰に影響を与えて
いる、という。すなわち、個人の信仰が社会貢献へとつながる前述の図式で
はなく、その逆の、社会の風潮が個人の信仰に影響を与えることもあるとい
えるだろう。
　このように個人の信仰と、社会が互いに影響し合う関係にある中、村の小
学校教師らは、モロッコのイスラーム教科改革について学習内容の焦点が個
人の宗教的行為の学びから宗教が持つ社会性に移行したと説明した。

　小学校教師として働き始めて8年目になるが、(教員を始めた頃と比べて
　イスラーム教科の)教科書やカリキュラムが変わった。追加されたものや、
　削除されたものがあって、最近で言えば、社会には多様性をもった人た
　ちが共生しているといった話や、他人に対してどのように尊敬すべきか、
　という点に焦点がおかれている。(盛年世代・男性・小学校教師 C)

　(現在、)学校では、過激派イスラームでもなく、無宗教でもなく、その
　真ん中を教えることを目的としていて、対人関係や社会生活に焦点をあ
　てています。(盛年世代・男性・小学校教師 D)

　2016年のイスラーム教育改定前後の初等教育1〜3年の教科書を比較分析したブスタニーの研究では、礼拝などの実践的な学びは減り、神や預言者、イスラームの価値に関する学びが増えたという（Boustany 2017）。教師らの語りと同様にモロッコのイスラーム教育は個人の宗教的行為の学びから、宗教が持つ社会性に焦点が置かれるようになったと考察される。

　これに対し、アソシアシオンの所長は、「現在の学校のイスラーム教育は不十分」と言う。これを理由に、アソシアシオンの所長とイマームは、村の子どもたちを対象にイスラーム教育の発展を目指す活動を計画中である。所長の説明によれば、アソシアシオンが目指すイスラーム教育は、宗教の普及を意識しているのではなく、イスラームが持つ社会性を身に着けることを重視するということであった。「イスラームは我々の宗教だから、（我々の）ベースにあって当たり前」と、彼は語った。すなわち、アソシアシオンが行うイスラーム教育改革は、個人のイスラームの学びを通して社会性を身に着け、コミュニティの発展を目指すものといえるだろう。

　こうしたコミュニティ発展のためのイスラーム教育の学びが目指される中で、村の学びに対する意欲が他方向に向いていることにも考慮する必要があるだろう。近年の観光客増加に伴い、外国語、特にスペイン語を学ぶ者、学びたい者が増えている。その理由は、モロッコ全体でスペイン人観光客が多いこと、アソシアシオンに毎年スペインから団体がボランティアとして村を訪問し、子どもたちと活動したり、スペイン語を教えたりしていることが背景にある。また村を含む近郊では、外国人と交際する男女の話を耳にする。このムスリムと非ムスリムのカップルたちは、結局この地域が開放的といっても、保守的な思想によって家族から結婚を反対されたり、結婚して外国に行っても性に合わず離婚して帰国したりしたという話もある。こうした村および地域の異文化との接触に対し、どのようにイスラームを守り、異文化を受け入れていくかが、観光を主要産業とする村の課題といえるだろう。アソシアシオンの所長やイマームは、その課題解決の手段の一つとして、学校教育に加え、個人がイスラームの価値観や道徳性を学ぶことは欠かせないとの

考えに至った。観光地としてイスラームの価値を大事にするハミリヤ流のもてなしおよびムスリム・コミュニティの規範を保持するためにも、子どもたちのイスラーム教育は必要なのである。アソシアシオンのイスラーム教育改革は、ハミリヤ村の観光業活性化によって異文化との交流が増加する環境において、フォーマル教育にさらなるイスラーム教育をノンフォーマル教育として付加する二大体制を構築しようとしていることである。そうすることで、自分たちの宗教であるイスラーム教育を保護し、イスラームを基盤とした良いコミュニティを構築する道を模索しようとしていると考察する。

おわりに

　モロッコにおいて、イスラーム教育は家庭からコミュニティ、近代教育へと学びの場を変遷しながらイスラームを子どもたちに教授してきたのは、本章が対象としたハミリヤ村もモロッコ全土においても同様であった。西洋化を取り入れた経済発展政策は、イスラーム国家としてイスラームの重要性を訴えながらも、近代教育に価値を見出させ、実質的には就学前教育段階を除いて伝統的イスラーム教育機関をモロッコの学校体系の隅に追いやるという矛盾を形成した。またこうした社会的背景の中で、モロッコのイスラーム教育は、対テロ戦争の文脈において穏健なイスラーム社会を目指すための教育改革が行われ、教科書は宗教行為の学びよりもイスラームの社会性へと焦点が移行され、それらを学ぶことで学生たちは穏健なムスリム市民になることが目指されている。

　こうした中、観光業を主要産業とし、非イスラーム文化との接触の多いハミリヤ村において、村民らが学校教育とは別の方法でイスラーム教育の発展を目指す計画が遂行中であることが明らかとなった。彼らのイスラーム教育改革とは、イマームや法学者、イスラーム教育教科の教師といった専門家を育成するものではなく、一人のムスリムとして当たり前であるはずのイスラームの社会性、道徳心を個人が学び、それらを実践することによって、イスラームを基盤とした健全なコミュニティ構築を目指すものである。こうし

たムスリム・コミュニティを形成していく必要性は、観光地としてハミリヤ村を活性化させていくため、村のグローバル化を容認しなければならないという背景があると考える。非イスラーム文化との接触は、これまで村民が重要視してきたイスラームに基づく価値観を揺るがす可能性もある。実際、多くの村民たちが昔と比べてイスラームの生活規範が既に薄れていることを指摘し、このまま現状が進めばさらに人々の中にあるイスラームは薄れていくだろうと述べた。子どもたちにイスラームの学びを与えるというアソシアシオンの取り組みは、今後さらに村が国外からの観光客を呼び込み、村のグローバル化が進んだ時、イスラームの基本の価値観や道徳観をしっかりと理解していれば、何か問題を抱えた時にイスラームが解決に導いてくれるという期待といえるだろう。これからの時代を生きる子どもたちにとって、コミュニティが主体となって、個人の学びから健全なムスリム・コミュニティ形成を目指すこのイスラーム教育の在り方は、真の世俗化したムスリムを育てる一つの人材育成の方法ではないかと考える。

　本章において、イスラーム教育機関の無い村に焦点をあてたことは、これまでのイスラーム教育研究が国や地域を問わずイスラーム教育機関を中心に見てきたという点において定説を覆す良い事例になったのではないだろうか。どのような教育機関に通おうと、アソシアシオンの所長が述べていたように、ムスリムである以上イスラームがベースにあって当たり前なのである。そしてムスリムが居住するところにはイスラームの学びが必ず存在するのである。近代化によってイスラーム教育機関の需要が低下している現代において、イスラーム教育機関外の文脈からムスリムの学びを捉えるイスラーム教育研究が、今後その重要性を高めていくのではないだろうか。

注

1　2012年に筆者が同村の悉皆調査を行ったところ、当時の人口は335人であった（黒川 2013）。公的な統計資料は無く、村の観光案内は現在村の人口を400人と説明している。

2　マーリク法学派はスンナ派の法学派の一つであり、モロッコはムラービト朝期

よりこのマーリク派を奉じている。

3 非政府組織（NGO）のことをフランス語でONG（Organisation non gouvernementale）と言うが、モロッコではONGと呼ばれることは稀である。その代わりに、「組織」を意味するフランス語「アソシアシオン（association）」や、アラビア語の「ジュムイーヤ（jm'iyah）」が使用される。本章では、村の団体を示す際には「アソシアシオン」を使用する。

4 Geology.com（2008）Morocco Region Map. https://geology.com/world/morocco-satellite-image.shtml, Accessed on September 7, 2020.

5 アマジグとは、モロッコやアルジェリアなど北アフリカ地域に住む独自の言語や文化をもつ土着民のことを指す。彼らはベルベル人と呼ばれることが多いが、このベルベル人の言葉がギリシャ語の「バルバリアン（文明化されていない人）」に由来するため、彼らが自称する際に用いる「アマジグ（高貴な人、自由な人）」が使用される傾向にある。

6 モロッコにおいて国王の発言力は政治および宗教において絶対的な力を有している。それは、モロッコの王家が預言者ムハンマドの末裔（シャリーフ）であり、国王は政治と宗教の双方において指導者の立場にあるからである。憲法にも、国王は「イスラーム君主政体である」と規定されている。

7 アル＝マドラサは「学校」、アル＝アッティーカは「伝統」や「古い」という意味があることから、英語やフランス語では old school（Boyle & Boukamhi 2018）、les écoles coraniques、les écoles traditionnelles（CSEFRS 2015）といった単語が使用されている。

8 2019年3月13日、A町の伝統的クルアーン学校長（男性）のインタビューより

9 2019年3月18日、B市の伝統的クルアーン学校元教師（女性）のインタビューより

10 菓子類や日用品を売る小さなキオスクが2店舗あるが、野菜や肉を買いに行くには村から車で10分のメルズーガか、1時間弱の大きな市場があるリッサニまで行く必要がある。

11 実際に2010年にイマームの資格試験が開始されたか否かは管見の限り確認できなかったが、イマームによると2010年とのことであった。モロッコでは、2005年にイマーム養成のためのプログラムが開始され、2015年にムハンマド6世イマーム等指導者養成学院が設立された（Hmimnat 2020）。

12 世界最小パスタとも呼ばれる小麦粉で作られた粒状の食べ物である。この上に香辛料と野菜、肉の煮込みをかけて食べる。

13　例えば、学齢期を過ぎた未婚女性も実家で母親、姉妹、兄弟の配偶者など世帯の女性たちと共に家事労働に従事する人が多い。

14　大木博文訳注(1993)アブドゥル・ラヒーム・アルファヒーム編著「200 のハディース」から引用。

15　ハミリヤ村在住者計 31 名(老年世代：女性 1 名、中年世代：男性 2 名・女性 5 名、盛年世代：男性 3 名・女性 1 名、若者世代：男性 12 名・女性 5 名、子ども世代：男性 1 名・女性 1 名)より回答を得た。

16　八木(2010)は、従来の伝統的な服装で固い正則アラビア語で説教するウラマーとは異なり、流行りのスーツを着て、衛星放送やインターネットを見事に使いこなし、英語やエジプト方言のアラビア語を自由に操る俗人とも呼べる親しみやすい説教師が、現在のエジプトにおいて聴衆の人気を博しているという。同論文で紹介されたエジプト人のアムル・ハーレドは、2006 年にニューヨーク・タイムズ・マガジンの「世界でもっとも有名で影響力のあるムスリムのテレヴァンジェリスト」に選ばれた経歴をもつ人物である。こうしたメディアを活用したイスラームの学びはエジプトに限らず世界中に広がっており、本調査においても、若者世代はインターネットを利用してイスラームを学ぶことがあると回答した。

17　(　)内は、左からインフォーマントがどの世代に属すか、性別、現在の職業、を記載している。

参考文献

飯山陽(2007)「カラウィーン・モスクの伝統：信仰と学問の殿堂」私市正年・佐藤健太郎編『モロッコを知るための 65 章』明石書店、261-265.

岩崎えり奈(2008)「イスラームと女性の地位」宮治一雄・宮治美江子編『マグリブへの招待：北アフリカの社会と文化』大学図書出版、248-266.

NTC インターナショナル株式会社(2016)「平成 27 年度外務省 ODA 評価　モロッコ国別評価(第三者評価)報告書」https://www.mofa.go.jp/mofaj/gaiko/oda/files/000157387.pdf、2020 年 9 月 26 日アクセス.

小野仁美(2019)『イスラーム法の子ども観―ジェンダーの視点でみる子育てと家族』慶応義塾大学出版会株式会社.

外務省(2020)「モロッコ王国　基礎データ」https://www.mofa.go.jp/mofaj/area/morocco/data.html#section2、2020 年 8 月 27 日アクセス.

黒川智恵美(2013)「モロッコ農村部における学校教育制度と村民のライフコース―エルラシディア県ハミリヤ村の女子教育に着目して―」、広島大学大学院修士論文.

小杉麻李亜 (2007)「イスラームにおけるサラー (礼拝) の総合的理解をめざして：中東と東南アジアの事例を中心に」『イスラーム世界研究』1 (2), 165-209.

日本比較教育学会編 (2012)『比較教育学事典』東信堂.

八木久美子 (2010)「多様化するイスラームのかたち：「俗人化」のもたらす可能性」『総合文化研究』13, 119-134.

Benahnia, A. (2015). Transnational Education in Morocco: Current and Future Challenges. *Journal of Education and Practice*, 6 (11), 127-133.

Boum, A. (2008). The Political Coherence of Educational Incoherence: The Consequences of Educational Specialization in a Southern Moroccan Community. *Anthropology & Education Quarterly*, 39 (2), 205-223.

Boustany, R. (2017). The 2016 Reform on Islamic Education Textbooks in Morocco: The strategy used by the reform to implement a "more tolerant" Islam. (Unpublished master thesis). International University of Rabat. https://repository.gchumanrights. org/bitstream/handle/20.500.11825/732/BOUSTANY%20Razane.pdf, Accessed on June 14, 2020.

Boyle, H. N., & Boukamhi, A. (2018). Islamic Education in Morocco. In Holger Daun & Reza Arjmand (eds.), *Handbook of Islamic Education*, International Handbooks of Religion and Education 7, Springer, 625-636.

Conseil Supérieur de l'Education, de la Formation et de la Recherche Scientifique (CSEFRS) (2015). Pour une école de l'équité de la qualité et de la promotion : Vision stratégique de la réforme 2015-2030. CSEFRS; Rabat.

Conseil Supérieur de l'Education, de la Formation et de la Recherche Scientifique (CSEFRS) (2017). Rapport sur : Un préscolaire équitable et de qualité, CSEFRS; Rabat.

Eickelman, D. F. (1985). *Knowledge and Power in Morocco: The Education of a Twentieth-Century Notable*. New Jersey; Princeton University Press.

Eickelman, D. F. (2007). Madrasas in Morocco: Their Vanishing Public Role. In Hefner R. & Zaman, M. (eds.), *Schooling Islam: The Culture and Politics of Modern Muslim Education*, Oxford; Princeton University Press, 131-148.

Hamdaoui, J. (2010). "al-Madaris al- ʿAtiqah bal-Maghreb", al-Maʿārif al-Jadīdah; Rabat.

Hmimnat, S. (2020, June 26). A New Generation of Imams in Morocco. Oasis 29. https:// www.oasiscenter.eu/en/a-new-generation-of-imams-in-morocco, Accessed on September 26, 2020.

Houtsonen, J. (1994). Traditional Quranic Education in a Southern Moroccan Village. *International Journal of Middle East Studies*, 26 (3), 489-500.

Lamlili, N. (2016, July 27). Maroc: Mohammed VI appelle à l'enseignement d'un islam tolerant. Jeune Afrique. https://www.jeuneafrique.com/mag/342136/societe/maroc-mohammed-vi-appelle-a-lenseignement-dun-islam-tolerant/, Accessed on August 28, 2020.

Minisitère des Habous et des affaires islamiques（n.d.）. Institut Mohammed VI de formation des Imams prédicateurs et des prédicatrices, http://habous.gov.ma/fr/forma-tion-et-qualification/245-formation-et-requalification, Accessed on September 25.2020

Tawil, S.（2006）. Qur'anic Education and Social Change in Northern Morocco: Perspectives from Chefchaouen. *Comparative Education Review*, 50（3）, 496-517.

Wagner, D. A., & Lotfi, A.（1980）. Traditional Islamic Education in Morocco: Sociohistorical and Psychological Perspectives. *Comparative Education Review*, 24（2（1））, 238-251.

Wainscott, A. M.（2015）. Defending Islamic education: War on Terror discourse and religious education in twenty-firstcentury Morocco. *The Journal of North African Studies*, 20（4）, 635-653.

7章
「健全な社会統合」のためのイスラーム教育？
──ベルギーの動向に着目して──

見原礼子

はじめに

　ベルギーの首都ブリュッセル北西部に位置するモランベーク地区を舞台にした 2019 年公開の映画『その手に触れるまで(Le Jeune Ahmed)』は、カンヌ国際映画祭審査員特別グランプリを受賞したことで日本でも話題になった。映画のあらすじは、この地区に住む主人公アメッドが、モスクの「イスラーム指導者」の思想に感化されて自らが通う放課後教室の非ムスリム教師の殺害を企てるというものである。映画のストーリー設定は、2000 年代以降、ヨーロッパ各地で相次いで起こるようになったテロ事件をめぐって、移民の背景を持つ若者の「過激化(radicalisation)」がどのような原因によるものとして一般的に認識されてきたかを表現しているといえよう。

　このような認識から導き出されてきたのは、「ムスリムの若者を過激化させないためには、彼らに対して健全な社会統合のプロセスを促すことが重要である」という命題である。映画の舞台となったベルギー社会でも、2015 年のフランス同時テロ事件及び翌年 2016 年のブリュッセル同時テロ事件の主犯者とされた移民の背景を持つ人物が、モランベーク地区を拠点としていたことが明るみになって以降、「過激化」を防ぐための「健全な社会統合」の推進がより深刻な課題として浮上することになった。

　では、「健全な社会統合」はどのような教育のもとで、いかにして実現するのか。この問いをめぐって重要な鍵とされてきたのが、公的教育機関で実施されるイスラーム教育である。ベルギーでは、公立の初等及び中等学校の

選択必修科目である宗教教育の中の選択肢の一つとして、従来から実施されてきたカトリック教育、プロテスタント教育、ユダヤ教教育などに加えて1975 年にはイスラーム教育が導入された。同年以来、イスラーム教育を選択する生徒の割合は増え続け、現在にいたっては全体の 2 割程度に上っており、都市部の公立学校に限ると全体の 3 割をも超えつつある状況にある。

　これまで、公的教育機関で実施されるイスラーム教育に対しては、アンビバレントな期待や評価がなされてきた。すなわち、一方ではイスラーム教育の内容や実施方法が「健全な社会統合」を妨げると危惧する声があり、他方では「過激化」の防波堤としてのイスラーム教育の役割に期待する声があがってきたのである (Lafrarchi 2020:1)。

　本章では、ヨーロッパのなかでもとりわけベルギーに着目して、イスラーム教育の「改革」がどのように展開されてきたのかを明らかにすることを通じて、「ベルギー・ムスリム」の育成をめぐるベルギー社会とムスリムコミュニティの葛藤を描き出すことを目的とする。

1. ヨーロッパの学校教育における宗教教育とイスラームの参入

1.1 宗教教育の制度的多様性

　ベルギー国内の動きに焦点を当てる前に、本節ではベルギーを含むヨーロッパ諸国[1]の公立学校における宗教教育の制度的枠組みとイスラームの参入状況について確認していく。

　ヨーロッパでは、フランスを除き、ほとんどの国で公立学校において宗教教育が実施されてきた。歴史的背景から、その教育は長らくカトリックやプロテスタントなどキリスト教系の教育を意味していた。とはいえ、その内実は一様ではなく、国によって極めて多様である (Dronkers and Avram 2015:120)[2]。一つには、宗教教育受講が必修もしくは選択必修とされているのか、あるいは任意であるのかなど、受講方法の違いがある。宗教教育の内容についても、宗教者が特定の宗教や宗派を扱う信仰的要素を伴ったものか、もしくは宗教者以外の教員が非信仰的な観点から一つあるいは複数の宗教を扱うのかなど

によって、同じ宗教教育というカリキュラムのもとでも、実際の教育内容は大きく異なることになる（伊達編 2020: 資料編）。

　例えばドイツでは一部の旧東独地域を除いて初等・中等教育段階での宗教教育が必修化されている。19世紀半ば以来、長らく実施されてきたのは、カトリック、プロテスタント両派の宗教教育である。これら両派の教育内容は、公法上認められた法人格を有する宗教団体の教義に沿って実施することが基本法で定められている（山根・堀江 2018:93-94）。

　次節で詳述するように、本章が対象とするベルギーも、宗教教育は初等・中等教育段階で必修とされている。教員研修、教育内容、教育監査はすべて各宗教の代表団体が担っており、国や行政による介入は禁じられている（Franken 2017b:73）。こうしたドイツやベルギーの制度は選択必修による信仰の要素を伴った宗教教育であるといえる。

　スペインの場合、1979年にローマ教皇庁との間で交わされた協定に基づき、すべての初等・中等学校が信仰的要素を伴ったカトリックの宗派教育を提供する義務を有している。ただし、生徒側に対して必修の要件は課されておらず、宗教教育の履修は任意である（Martínez-Torrón 2005:141）。すなわち、任意による信仰的な要素を伴った宗教教育が実施されているのがスペインである。

　他方、信仰的な要素を伴わない宗教教育が必修科目として設定されている国の一例としては、デンマークが挙げられる。ルター派を国教とするデンマークではもともと、1960年に公立学校内の宗教教育のカリキュラムの中でルターの小教理問答書を扱うことが定められるなど信仰的な要素を伴う教育が実施されていたが、1975年にこの規定は撤廃され、キリスト教以外の宗教もこの科目で扱うことが定められた。この流れのなかで、宗教教育は信仰的な要素が取り除かれることになった（Sedgwick 2015:148）。ただし、ルター派教会が教育内容の中心に据えられていることには変わらず、宗教教育の正式名称は「キリスト教の知識（Kristendomskundskab）」とされている。すなわち、宗派的（demominational）でありながら、信仰的（confessional）な要素は伴わない教育であるということになる（同上）。

　より宗教多元的な宗教教育の展開としては、オランダにおける「信仰・精

神の潮流 (Geestelijke Stromingen:GS)」の導入が挙げられる。1985 年にオランダは社会の構成員の文化的・宗教的多様化を踏まえ、公立学校を含むすべての学校に対してオランダにある様々な世界観や考え方の特徴をカリキュラムに含め、GS として実施することを義務化した。ただしその後、GS は 2006 年に導入された「市民性教育 (Burgerschapsvorming)」に吸収された (ter Avest and Bakker 2018:7-8)。

　新たな宗教グループとしてのイスラームをどのように扱っていくべきかという問いをめぐっては、以上のようなヨーロッパの公立学校における宗教教育制度の多様性のもとで、多岐にわたる議論と対応がなされてきた。以下では、上記で示した国の事例をさらに掘り下げながら論じていく。

1.2　宗教教育におけるイスラームの扱い方

　第二次世界大戦後の高度経済成長期に多くの労働移民を迎え入れたヨーロッパは、住民の文化的・宗教的背景の多様化のなかで、1970 年代末頃から多文化状況を踏まえた政策の展開が多分野にわたって求められるようになった。学校教育の場における政策で代表的なものとしては、主に移民第二世代の子どもを対象とした学習到達度向上に向けた取り組みや、移民の母語を継承するための出身言語・文化教育の場を学校カリキュラム内で保障する取り組みなどが挙げられる。

　このうち、出身言語や文化の教育については、当初はあくまでも移民の子どもがいずれ母国に帰国することを前提とした一時的なものとみなされていた。だが、移民定住化の傾向が徐々に認識されるなかで、社会的包摂を目指した政策へと転換が求められるようになっていった。本章が着目する公立学校内のイスラーム教育も、出身言語や文化の教育と同様、少なくとも 1980 年代半ば頃までは、帰国を前提としたアイデンティティ保持の役割を担うことが期待されていた。だが、それ以降は次第に移民の子どもの定住を前提としたものへと位置づけが変化していった (Maréchal 2003:40)。

　では、ヨーロッパ各国の公立学校における宗教教育の枠組みにイスラームはいかにして参入を遂げたのか。この点については、先にみたような既存の

宗教教育の形態の相違によって異なる展開がみられた。

　例えばデンマークの場合、既存の宗教教育（「キリスト教の知識」）の目的が変容するなかで、1980年代頃から教科書の中にイスラームを含めた他の宗教の記述が含まれるようになる。だが、1990年代以降に出版された宗教教育の教科書を分析したセジウィックによれば、教科書のなかにはルター派中心主義的視点に立ち、十字軍やアラブ＝イスラエル紛争などの歴史を踏まえて「宗教的他者」としてのイスラームが描かれたものもあり、2000年代に入ると、イスラームはさらにテロリズムと結び付けられたり民主主義と相いれない存在として描かれたりするようになったという（Sedgwick 2015:152-153）。とはいえ、近年より多くの学校で用いられている別の出版社による教科書には、多元的アプローチで複数の宗教を扱ったものもみられる（同上:155-157）[3]。

　ルター派教会を中心に据えつつ、いかにイスラームを含めた他の宗教を扱うべきかという方法論をめぐって議論がなされているデンマークのような事例からは、ムスリムあるいはイスラーム組織が宗教教育の内容に主体的かつ直接的に参画しているとはいいがたい状況にあることが示唆される。他方、ドイツやスペインでは、こうした状況とはかなり異なる展開がみられる。

　上述のように、ドイツでは初等・中等教育段階でカトリックとプロテスタント両派の宗教教育が必修化されてきたが、1970年代以降の社会の世俗化と宗教多元化の流れを受けて、正教会やユダヤ教などの新たな宗教を、法人格を有する宗教団体として認め、これらの宗教教育を導入する動きが進められていった（山根・堀江 2018:95）。イスラームに関しても、同時期から議論が重ねられてきたものの、イスラームが教会のようなヒエラルキー構造を有していないために代表とする団体を創設することが困難であるという法技術的観点から、導入は困難であるとの見解が長らく示されてきた（Søvik 2015:89）。だが、ムスリム側からの強い要望を受けて、近年、ドイツでもいくつかの州において地域のイスラーム諸団体との連携によりイスラーム教育導入の動きがみられるようになっている（Yasar 2013:132-134、山根・堀江 2016:106）。

　スペインの場合、1979年以来、公立学校で実施が義務づけられてきたのはカトリックの宗教教育であったが、社会の宗教多元化を受けて1992年に

は新たにプロテスタント、ユダヤ教、そしてイスラームの代表組織との間で協力協定が交わされたことで、これらの宗派教育の提供も法的に可能となった[4]。このうちイスラームについては、スペイン・イスラーム委員会（Comisión Islámica de España:CIE）というイスラーム代表組織との間で協定が交わされた。CIE の設立に際しては、異なるイスラーム団体に属する 40 万人前後のムスリムが集結して、数名の代表者を選出するプロセスが踏まれた（Rosón et al. 2009:17）。ただしこのプロセスにすべてのイスラーム団体が参加したわけではなかった。このように、何をもってイスラームを「代表」しているとみなすかをめぐっては、ドイツやスペインのみならず、以下で詳述するベルギーにおいても絶えず議論が巻き起こってきた。

　スペインにおいて、新たに追加されたイスラームやプロテスタントの宗教教育と従来から措置されてきたカトリックの宗教教育との間で最も異なる実施条件としては、前者の場合、①当該宗派教育の実施は義務づけられておらず、あくまでも保護者からの要請がなされる必要があること、②学校で 10 名以上の希望者が必要となること、の二点が挙げられる（Ferreiro 2015:131）。つまり、カトリックの宗教教育と比較して、イスラームやプロテスタントの宗教教育の実施条件はより厳しいものとなっている。これらの条件により、実際にイスラーム教育が実施されている学校は限定的であり、モレラスによれば 2018 年時点で 30 万人以上と推定されるムスリム生徒のうち 90% はイスラーム教育を受講していなかった（Moreras 2019:626）。

　ドイツやスペインの公立学校で導入されてきたイスラーム教育は、基本的にムスリムを信仰へと導く宗派教育である。言い換えれば、ムスリムの、ムスリムによる、ムスリムのための教育ということになる。このような性質を有する教育を組織するためには、国内のイスラーム組織や団体の関与や参画が不可欠となるが、その方法をめぐっても様々な課題が指摘されてきた。具体的には、イスラーム教育教員の養成や採用、イスラーム教育カリキュラムの策定、教育監査などの領域において、イスラーム組織や団体がいかにして関与するのか、という問題である。この問いはさらに、「健全な社会統合」を促す役割を期待されるようになった公的教育機関でのイスラーム教育に政

府や他のアクターがいかに関与していくかという問題にも展開していく。

　同様の問題は、次節で論じるベルギーにおいても提起されてきた。むしろベルギーの場合、北・西・南欧諸国のなかで最も早くに信仰的要素を伴うイスラーム教育が導入され、かつ最も大規模に発展したという点において、イスラーム教育をめぐる課題の先進地であり続けてきたともいえる。以下では、まずベルギーの公的教育機関における宗教教育の制度とイスラーム教育導入の小史を振り返ったのちに、近年提起されている課題に焦点を当てて分析を進める。

2.　ベルギーのイスラーム教育[5]

2.1　宗教教育制度の概要

　連邦制を採るベルギーにおいて、学校教育分野は共同体の管轄とされている。具体的には、フランデレン共同体、フランス語共同体、ドイツ語共同体の三つの共同体（図7-1）が、オランダ語、フランス語、ドイツ語というそれぞれの言語で運営される学校を管轄し、教育関連の政策の施行や統計の分析・公表などもすべて共同体別に実施される。首都ブリュッセルはオランダ語とフランス語のバイリンガル地域とされているため、両共同体によって運営さ

フランデレン共同体　　　　フランス語共同体　　　　　ドイツ語共同体

図7-1　ベルギーにおける共同体区分

れる学校が混在している。本章では主としてフランデレン共同体とフランス語共同体について論じる。

ベルギー憲法24条には、公立学校内で義務教育期間の終了まで「公認宗教 (des religions reconnues)」の教育または非宗派道徳教育を提供すること、および義務教育期間にあるすべての生徒がこれらの教育を受ける権利を有することが規定されている。この憲法はすべての共同体に等しく適用されるため、原則として共同体の違いによらず[6]、ベルギー国内全土の公立学校において、初等教育段階から後期中等教育段階終了までの期間、宗教教育および非宗派道徳教育が正規のカリキュラム内で公費により提供されている。

もともと、この制度的枠組みは、19世紀半ばから20世紀半ばまでカトリック勢力と自由主義勢力 (20世紀以降は社会主義勢力も参画) の間で公教育制度における宗教の位置取りをめぐって展開された「学校闘争」の帰結として、1958年に策定された「学校協定 (Pacte scolaire)」において構築されたものである。憲法24条で規定された「公認宗教」とは、公法上の宗教組織として位置づけられている宗教を意味し、学校協定策定時点ではカトリック、プロテスタント、ユダヤ教を指していた。これらの宗教教育および非宗派道徳教育が、ベルギーの公立学校では選択必修科目として提供されてきたのである[7]。

前節で述べたように、ベルギーで実施されている宗教教育はスペインやドイツ同様、信仰的な要素を伴っている。宗教教育教員の養成や任命、カリキュラムの決定など教育内容にかかわる事柄は、基本的に各宗教の代表組織の裁量に委ねられている。また、各宗教の代表組織は教育監査官 (inspecteurs) を推薦し、政府からの任命を受けて代表組織内に配属している。

2.2 公立学校におけるイスラーム教育導入の小史[8]

このようなベルギーの宗教教育制度にイスラームが正式に参入を遂げたのは1975年のことであった。前年1974年にイスラームを公法上の宗教の一つとして西欧諸国で初めて認める法律が制定されてからのことである (Renaerts et Manço 2000:86)。1974年の公認手続き自体は、イスラームの信仰活動に対して他の宗教と同様の法的権利を認めることと、その信仰活動のための組織が

国によって監督されることなどが定められていたにすぎず、実際の信仰活動を、教育を含めた多様な場で展開するにあたり必要となるイスラームの代表組織はこの時点でまだ創立されていなかった。そのため、ベルギー政府は、イスラーム教育の導入に伴って必要とされる任務を引き受ける機関として、当時の政府が特権的な交渉相手として位置づけていたサウジ系のベルギー・イスラーム文化センター（Centre Islamique et Culturel de Belgique:CIC）に任務の代行を依頼した（Panafit 1999:130）。CIC はベルギーで最も早く活動を始めたイスラーム組織であり、1960 年代頃からイスラーム教育の必要性を訴え続けていた。

　CIC が任務の代行を引き受けたとはいえ、教員の必要資格や教員養成、カリキュラムなど、教育の実施に際して必要となる環境はほとんど整わないまま、半ば見切り発車のかたちでイスラーム教育が開始された。そのようななかでも受講者は年々増え続け、1977/1978 年度にわずか 140 名であった受講者数は、4 年後の 1981/1982 年には 2 万人を超えた（Panafit 1999:133）。

　だが、1980 年代半ば以降、イスラーム教育の目的がムスリムの子どもの帰国を前提としたものからベルギー社会への定住を見越したものへと変化するなかで、CIC がイスラーム教育に関わる任務を代行し続けることの問題が次第に認識されていった。CIC の組織的基盤は、モロッコ系やトルコ系が大多数を占めるベルギー社会のムスリムコミュニティを反映しているとはいいがたいためである。1980 年代末には CIC への委託が停止されるにいたる。

　その一方で、新たなイスラーム代表組織の編成をめぐっては、いかなる手続きによって組織を創設するのかという点について合意がなされない状態がムスリムコミュニティ内部で続いていた。最終的に、ベルギー連邦政府が設立した移民政策王立委員会がイニシアチブをとり、多様なイスラーム団体の間で数か月に及ぶ協議を行い、ベルギー・ムスリム評議会（l'Exécutif des Musulmans de Belgique:EMB）の創設案のもとでベルギー全土の 18 歳以上のムスリム住民を対象として 1998 年に選挙が行われた。翌年 1999 年に、EMB はベルギーのイスラーム代表組織としてようやく法的に承認された。EMB の編成プロセスは、「ベルギー・ムスリム」の創出が試みられた最初の出来事であった。

イスラーム代表組織の編成をめぐるこうした混乱のなかで、長年とりわけ大きな問題として捉えられていたのが、イスラーム教育の教員養成プログラムの不在、教育監査官の不在、カリキュラムの不在という三つの不在をめぐる問題であった。以下ではこれらの問題がどのように認識され、とりわけベルギーの隣国や国内でテロ事件が頻発するようになった 2010 年代以降、イスラーム教育に対するアンビバレントな期待や不安が寄せられるなかで、いかなる対応や発展が試みられてきたのかを検討する。

2.3 教員養成

イスラーム教育が開始された 1975 年から 1989 年まで、任務の代行を任されていた CIC が教員として任命していたのは、トルコやモロッコ出身の教員経験者であった。だが、ベルギーの教育を受けていない外国出身者を教員として任命することに対しては、ベルギーの公用語が十分に話せないこと、ベルギーやヨーロッパの文化に対する理解がないこと、さらにはトルコやモロッコにおける特定のイスラーム組織や団体の影響を受けるのではないかといった批判が次第に提起されるようになる (El Battui et Kanmaz 2004:30、Franken 2017a:494)。特に 1980 年代半ば以降、移民の子どもの定住化の傾向が認識されるようになるにつれて、ベルギー社会の言語や文化に精通したイスラーム教育教員の養成の必要性が唱えられるようになった。

1990 年代以降、代表組織の不在のなかでも、現職教員向けのリカレント教育、新たに採用する教員の資格の見直し、教育養成プログラムの開発は徐々に進められていった。例えばフランデレン共同体においては、すべてのイスラーム教育教員に対して、所定の語学試験に合格するか教育学の資格を得ることが 1992 年に義務づけられるようになった (Franken 2017a:494)。

新たに採用する教員の資格についても継続的に見直しが続けられてきたが、現在では、おおむね、所定の語学力 (フランデレン共同体の場合はオランダ語、フランス語共同体の場合はフランス語) に加え、教員資格の取得とイスラーム教育の教授法という二つの領域での学習歴が必要とされている。具体的には、フランデレン共同体の場合、中等学校のイスラーム教育教員になるため

には、①少なくとも高等専門教育課程を修了して学士号を取得し、②教育学の学位を有すること、また③ EMB が実施するイスラーム学の試験に合格することが課されている（同上）。

このうち③については、近年、ベルギーの高等教育機関との協力のもとで、より高度なイスラーム学の専門知識を提供するプログラムが開発されつつある（Aslan 2012:41）。例えばフランス語共同体側のルーヴァン・カトリック大学は、2015 年に「イスラーム教育教授法養成 (la formation en didactique du cours de religion islamique:CDER Islam)」プログラムを設立した。このプログラムでは、宗教教育の教授法とイスラーム神学の双方を提供することで、イスラーム教育の教員が幅広い教養と実践力を身につけることを目指している（EMB 2020）。

このような取り組みは、フランデレン共同体でも進んでいる。その多くは、教員養成課程を有する応用科学大学が同課程のオプションとしてイスラーム学を設けることで、修了時に教員資格の取得とイスラーム学の履修の両方が可能となるよう設計されている。

だが現実には、必要とされる資格を有するイスラーム教育教員の割合は非常に低く、フランデレン共同体の場合、現在でも全体の 20% 以下にとどまっている（Franken 2017a:494）。ヨーロッパ各地でテロ事件が頻発するなか、「過激化」の防波堤としてイスラーム教育を位置づけ直していく動きのもとで、教員養成の重要性もベルギー政府によって再認識されている（Lafrarchi 2020:11）。

こうした認識のもとで、2010 年代半ば以降、両共同体では相次いで新たな動きが生まれている。フランデレン共同体では、2015 年のパリ同時テロを受けて翌年 2016 年に政府が策定した「過激化に対する行動計画 (Actieplan Radicalisering)」のなかで、イスラーム教育教員の専門性の強化や採用の工夫などの取り組みの重要性を挙げた（Vlaamse Regering 2016）[9]。

フランス語共同体では、ジャン＝クロード・マルコー（Jean-Claude Marcourt）高等教育大臣が指名した専門家会議の提案を受け、2017 年に「イスラーム教員養成推進協会 (l'Institut de promotion des formations sur l'islam:l'IPFI)」が設立された。この機関は、イスラームの名のもと、各地で発生する暴力的な過激主義に対

応するために、ベルギー国内の高等教育機関においてイスラームの知識の伝達や研修を推進することを目的としている[10]。

2.4　教育監査官の任命とカリキュラム開発

　イスラーム教育の教育監査官の任命に向けた動きが本格的に進み始めるのも、1990 年代以降になってからのことである。教育監査官は、各学校を回って教育監査を実施するだけでなく、教員に対する研修やカリキュラム開発にも携わっている。イスラーム代表組織が 1990 年末に設立されたことで、ようやく 2000 年代前半に教育監査官が両共同体で任命された。その間の教育監査官の不在は、カリキュラム開発の遅れにも大きな影響を及ぼした。

　フランデレン共同体では 2001 年に最初のカリキュラムが策定された。2008 年には「フランデレン・イスラーム教育センター（Centrum Islamonderwijs Vlaanderen)」が創設され、カリキュラムの改訂に向けた作業が進められた[11]。カリキュラムの大幅な改訂は 2012 年に実現している。中等教育段階のカリキュラムは 300 ページを超える重厚なものである（Centrum Islamonderwijs Vlaanderen 2012)。だがこの改訂版もドイツやトルコのカリキュラムをもとにしたものであり、ベルギー社会の文脈を踏まえた教材の開発は未だに遅れているとの指摘もある（Lafrarchi 2020:17)。

　教材開発に向けた取り組みは、先述の「過激化に対する行動計画」を受けてフランデレン共同体政府と EMB の間で交わされた共同コミットメント宣言において、今後重点的に取り組んでいくべき内容として盛り込まれた（Centrum Islamonderwijs Vlaanderen 2016)。

　フランス語共同体でも同様に、イスラーム教育の教材開発が進んでいないという課題はある。だがその一方で、カリキュラム策定に関連した興味深い取り組みもある。同共同体では、イスラーム教育固有のカリキュラムのみならず、カトリックやプロテスタントなど、他の宗教グループの代表組織と共同で宗教教育のコンピテンシーの基準を明確化し、相互参照を可能とするマニュアル『イスラーム教育におけるコンピテンシーの基準（Référentiel de compétences du cours de religion Islamique)』を 2013 年に策定したのである。

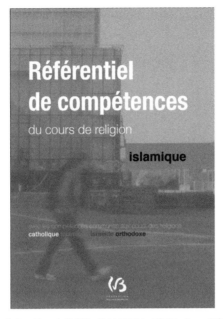

図 7-2　『イスラーム教育におけるコンピテンシーの基準』表紙

出典：Fédération Wallonie-Bruxelles（2013）*Référentiel de compétences du cours de religion Islamique*, Fédération Wallo-
nie-Bruxelles.

　このマニュアルにおいて特筆すべき点は、イスラーム教育の教育目標が明
示されているのみならず、多元的な宗教教育の間の協働と出会いの場の創出
を通じた共通のコンピテンシーが示されているところにある（Fédération Wallo-
nie-Bruxelles 2013:56）。宗教教育における共通の教育目標やコンピテンシーを定
めるための取り組みは、フランス語共同体で 2000 年代以降、本格的に進め
られてきた。2003 年にはカトリック、プロテスタント、ユダヤ教、イスラー
ム、正教会、非宗派モラルの各教育監査官らが中心となって初の試みともい
える共通のガイドラインを策定し（見原 2009:211）、その後も共通の教育目標
やコンピテンシーを精緻化する作業を続けてきた。2013 年に完成したマニュ
アルは、宗教教育の教育監査官の間で重ねられてきた 10 年以上にわたる対
話の成果ともいえる。

2.5 宗教教育か、市民性教育か

上記のマニュアルにおいて、共通のコンピテンシーとしては具体的に 3 点が挙げられている。すなわち、①哲学的問題に取り組むこと、②信仰の間の対話に取り組むこと、③シティズンシップに関する哲学的および神学的基盤を探ることである (Fédération Wallonie-Bruxelles 2013:56)。これらを通じて強調されているのは、市民性教育を推進することの重要性を確認しつつも、その推進にあたって基本的な単位となるのは、あくまでもイスラーム教育を含めた各宗教の信仰を伴う教育カリキュラムであるという点である。

この点は、ベルギー社会におけるこれからのイスラーム教育の行方を考えるにあたって重要なポイントとなる。というのも、教育監査官の間の宗教間対話を後押しした当初のきっかけは、分離した宗教教育ではなく統一的な市民性教育を作っていこうとする動きが、2000 年代からフランス語共同体の一部の政府関係者によって始められたことに反応したものであったからである。宗教ごとに分離した教育カリキュラムを基盤とする現在の宗教教育制度は、社会の分断を招き、子どもや若者の「健全な社会統合」を妨げるとの考え方が、こうした動きの原点にある。

以上のような動向は、ベルギー国内だけに見られるものではない。ヨーロッパのイスラーム研究者であるニールセンも述べるように、市民としての価値の共有を目指す市民性教育は、近年のヨーロッパにおいて、より意図的で目的志向の展開を見せつつある (Nielsen 2015:59)。

こうしたなかで、これまでベルギーで試みられてきたような「統合」政策、すなわち「ベルギー・ムスリム」を育成しつつ「健全な社会統合」を促していく方向性とは明らかに異なる政策的動向が看取されるようになっている。2015 年には、フランス語共同体において宗教教育制度の歴史的な転換点ともいえる出来事が起こった。これまで週 2 時間充てられてきた教室分離型の宗教教育のうち、少なくとも 1 時間は、選択した宗教にかかわらず、全生徒が同じ教室で哲学・市民性教育を提供することが義務化されたのである（見原 2017: 35）。これによって、イスラーム教育やカトリック教育など、これまで個別の宗教教育を担当していた教員は、哲学・市民性教育を教授するため

の研修を新たに受講する義務が生じた。

　個々の信仰を伴う宗教教育を基盤としながら市民性教育にアプローチする
のか、それとも市民性教育を出発点として個々の信仰を伴う宗教教育へと向
かっていくのか、あるいは個々の信仰は扱うことなく市民性教育のみを推し
進めていくべきなのか。公的教育機関における価値や信仰にかかわる教育の
方法論をめぐって、今なおベルギー社会は大きな論争の最中にある。

おわりに

　本章では、ヨーロッパのイスラーム教育をめぐる「改革」の展開を、とり
わけベルギーの動向に着目しながら明らかにしてきた。ヨーロッパのなかで
も最も早くに公教育制度内で導入されたベルギーのイスラーム教育の改革は、
導入から20年あまりの期間、試行錯誤しながら日々の教育実践と同時並行
的に——むしろ遅々とした歩みのなかで——行われてきたといえよう。だが、
2000年代以降、イスラーム教育に対して向けられる期待や不安に呼応する
かのように、改革の速度は一気に加速した。

　ムスリムの子どもや若者の「健全な社会統合」を促すという大きな任務を
背負ったイスラーム教育は、政府の積極的関与のもとで、一方では教員やカ
リキュラムなどの一層の整備に向けた措置を施され、他方では市民性教育導
入の動きに翻弄されている。前者の動きは公的教育空間のなかで積極的に「ベ
ルギー・ムスリム」を育成するはたらきを有し、後者の動きは逆にイスラー
ム教育をはじめとした宗教教育制度を解体しながら「ベルギー・ムスリム」
の育成を阻む（あるいは私的空間に押し込める）はたらきを持つ。この相矛盾す
る動きが同時に展開されているという事実は、ムスリムの子どもや若者の「健
全な社会統合」のあるべき姿が、ベルギー社会においていかに多様で合意が
困難であるかを物語っている。

　ベルギーをはじめとしたヨーロッパ諸国のムスリム人口は、今後も増加の
一途をたどることが確実視されている。公的教育機関の宗教教育カリキュラ
ムにおけるイスラームの扱い方と「健全な社会統合」をめぐる課題は、多く

のヨーロッパ諸国で避けて通れない論争的なテーマとなり続けるだろう。さらに、その論争は、ヨーロッパのみならず、中東、アフリカ、アジアなど、世界各地で展開されるイスラーム教育の「改革」にも直接的・間接的な影響を及ぼすことが予想される。ヨーロッパにおけるイスラーム教育研究の重要性は、そのようなダイナミズムを捉えるために欠かすことのできない視座を提供するところにもあるといえよう。

注

1　ここで主に参照するのは、北・西・南欧諸国（ギリシャを除く）の事例である。

2　なお、ヨーロッパ諸国の公教育制度においては、多くの国で非政府立学校（non-governmental school）の割合が一定数あるいは相当数を占めており、国によっては公立ではなく非政府立学校が公的教育機関の主流である場合もある。非政府立学校の多くはキリスト教系の学校であるが、イスラーム学校の創設もヨーロッパ各地で進んでいる。詳しくは見原（2020b）を参照のこと。

3　なお、ルター派以外の生徒の場合、宗教教育の受講を免除される権利はあるものの、実際の学校現場では教員から受講を促されることが多いという（Gilliam 2015:168）。

4　ただしユダヤ教は1996年の施行令に合意しなかったため、公立学校での宗教教育は実施されていない（Ferreiro 2015:130）。

5　ベルギーの公用語はオランダ語、フランス語、ドイツ語であるが、以下の原語表記にさいしては、オランダ語やドイツ語の固有名詞や組織名以外はすべてフランス語で記している。

6　ただし近年、宗教教育の提供方法には変更が加えられつつあり、下記2.5でも述べるようにフランス語共同体では2015年に大きな制度変更が生じている。詳細は見原（2017）を参照。

7　なお、ここでいう「公立学校」とは、共同体立（日本では「国立」に相当する）、州立、市町立の学校を指す。ベルギーの公教育制度においては、ヨーロッパ諸国のなかでも非政府立（いわゆる「私立」）の学校が全体に占める割合が非常に高く、初等教育段階でフランス語共同体は約40%、フランデレン共同体は約60%である。その割合は中等学校段階になるとさらに高くなり、フランス語共同体で約59%、フランデレン共同体にいたっては約7割を占める（Fédération Wallonie-Bruxelles 2017、Vlaamse overheid 2019）。非政府立学校の場合、宗教教育の提供の条件は公

立学校とは異なり、公認宗教の教育および非宗派道徳教育を全て提供する必要はない。非政府立学校のほとんどはカトリック系の学校であるため、これらの学校では基本的にはカトリック宗派教育が実施されてきた（Loobuyck and Franken 2011:41）。ただし、カトリック以外の学校も運営されており、2020年時点でイスラーム学校も数校（初等4校、中等2校）が存立している（Husson 2016:109、見原 2020a:70-71）。イスラーム学校の宗教教育の時間においては、基本的にイスラーム教育のみが提供されている。

8　本項は見原（2009: 185-200）を簡潔にまとめた内容となっている。

9　なお、この行動計画においては、イスラーム教育教員のみならず、ベルギー社会に根差したイマーム養成の重要性についても明示されている。

10　l'IPFI公式ウェブサイトより https://www.ipfi.be/a-propos/（2020年9月30日最終閲覧）

11　EMB公式ウェブサイトより https://www.embnet.be/nl/onderwijs（2020年9月30日最終閲覧）

参考文献

Aslan, Ednan（2012）"Trainings of Imams and Teachers in Europe", in: Aslan, Ednan, and Windisch, Zsófia（eds.）*The Training of Imams and Teachers for Islamic Education in Europe,* Peterlang, pp.19-70.

Berglund, Jenny（2015）"Publicly Funded Islamic Education in Europe and the United States", *The Brookings Project on U.S. Relations with the Islamic World, Analysis Paper,* 21.

Centrum Islamonderwijs Vlaanderen（2012）*Het leerplan Islamitische godsdienst voor het secundair onderwijs Vlaanderen,* Centrum Islamonderwijs Vlaanderen.

Centrum Islamonderwijs Vlaanderen（2016）*Engagementsverklaring tussen het Executief van de Moslims van België en de Vlaamse Overheid/beleidsdomein Onderwijs en Vorming,* Centrum Islamonderwijs Vlaanderen.

伊達聖伸編（2020）『ヨーロッパの世俗と宗教──近世から現代まで』勁草書房.

Dronkers, Jaap and Avram, Silvia（2015）"What Can International Comparisons Teach Us about School Choice and Non-governmental Schools in Europe?", *Comparative Education,* 51（1）, pp.118-132.

El Battui, Mohamed et Kanmaz, Meryam（2004）*Mosquées, imams et professeurs de religion islamique en Belgique : État de la question et enjeux,* La Fondation Roi Baudouin.

Exécutif des Musulmans de Belgique（EMB）（2020）*Les cours de religion islamique dans l'enseignement obligatoire en Fédération Wallonie-Bruxelles,* Exécutif des Musulmans de Belgique.

Fédération Wallonie-Bruxelles（2013）*Référentiel de compétences du cours de religion Islamique,* Fédéra-

176

tion Wallonie-Bruxelles.

Fédération Wallonie-Bruxelles (2017) 2014-2015 - Enseignement secondaire ordinaire, ETNIC - Fédération Wallonie-Bruxelles.
http://www.etnic.be/actualites/statistiques/detail-publication-statistique/?-no_cache=1&tx_etnicstatistiques_pi1%5Buid%5D=144&cHash=6e6621b-f01a0480aa12682a0bd284f5f（2020 年 9 月 25 日最終確認）

Ferreiro, Juan (2015) "Islamic Education in Spain", in: Aslan, Ednan, and Hermansen, Marcia (eds.) *Islam and Citizenship Education,* Springer VS, pp.123-135.

Franken, Leni (2017a) "Islamic Education in Belgium: Past, Present, and Future", *Religious Education,* 112 (5), pp.491-503.

Franken, Leni (2017b) "State Support for Religion in Belgium: A Critical Evaluation", *Journal of Church and State*, 59 (1), pp. 59-80.

Gilliam, Laura (2015) "Being a Good, Relaxed or Exaggerated Muslim: Religiosity and Masculinity in the Social Worlds of Danish Schools", in: Sedgwick, Mark (ed.) *Making European Muslims: Religious Socialization among Young Muslims in Scandinavia and Western Europe*, Routledge, pp.165-186.

Husson, Jean-François (2016) "Belgium" in: Scharbrodt, Oliver, et al. (eds.) *Yearbook of Muslims in Europe*, Volume 7, Brill, pp.87-113.

Lafrarchi, Naïma (2020) "Assessing Islamic Religious Education Curriculum in Flemish Public Secondary Schools", *Religions*, 11 (3). https://doi.org/10.3390/rel11030110

Loobuyck, Patrick, and Franken, Leni (2011) "Religious Education in Belgium: Historical Overview and Current Debates", in: Franken, Leni, and Loobuyck, Patrick (eds.) *Religious Education in a Plural, Secularised Society: A Paradigm Shift,* Waxmann, pp.35-54.

Maréchal, Brigitte (2003) "Modalities of Islamic Instruction", in: Maréchal, Brigitte, et al. (eds.) *Muslims in the Enlarged Europe: Religion and Society*, Brill, pp.19-77.

Martínez-Torrón, Javier (2005) "School and Religion in Spain", *Journal of Church and State,* 47 (1), pp. 133-150.

見原礼子 (2009)『オランダとベルギーのイスラーム教育――公教育における宗教の多元性と対話』明石書店.

見原礼子 (2017)「ベルギーのライシテと宗教的多元性――公教育における二つの論争から」『金城学院大学キリスト教文化研究所紀要』第 21 号別冊, pp.23-43.

見原礼子 (2020a)「市民としてのムスリムの子ども――宗教的・道徳的教育の場の確保と近年の動向」岩本和子・井内千紗編『ベルギーの「移民」社会と文化』松籟社, pp.57-77.

見原礼子 (2020b)「ヨーロッパの公教育制度におけるイスラーム教育導入のプロセスと論点」伊達聖伸編『ヨーロッパの世俗と宗教――近世から現代まで』

勁草書房，pp.176-190.

Moreras, Jordi（2019）"Spain", in: Akgönül, Samim, et.al.（eds.）*Yearbook of Muslims in Europe,* Volume 10, Brill, pp.620-638.

Nielsen, Jørgen S.（2015）"Citizenship Education in Multicultural Societies", in: Aslan, Ednan, and Hermansen, Marcia（eds.）*Islam and Citizenship Education,* Springer VS, pp.57-66.

Panafit, Laurent（1999）*Quand le droit écrit l'Islam. L'intégration juridique de l'Islam en Belgique,* Bruylant.

Renaerts, Monique et Manço, Ural（2000）« Lente institutionnalisation de l'Islam et persistance d'inégalités face aux autres cultes reconnus », in : Manço, Ural（dir）*Voix et voies musulmans de Belgique,* Publications des Facultés universitaires Sait-Louis, pp.83-106.

Rosón, Javier, et al.（2009）"Islam and Education in Spain", in: Veinguer, Aurora Alvarez, et al.（eds.）*Islam in Education in European Countries: Pedagogical Concepts and Empirical Findings,* Waxmann, pp.15-50.

Sägesser, Caroline, et.al.（2017）*Les religions et la laïcité en Belgique : Rapport 2016,* Université libre de Bruxelles Observatoire des Religions et de la Laïcité（ORELA）.

Sedgwick, Mark（2015）"Islam in Christianity: Religious Education in the Danish Folkeskole", in: Sedgwick, Mark（ed.）*Making European Muslims: Religious Socialization among Young Muslims in Scandinavia and Western Europe,* Routledge, pp.146-162.

Søvik, Margrete（2015）"Religion and Citizenship in France and Germany: Models of Integration and the Presence of Islam in Public Schools", in: Sedgwick, Mark（ed.）*Making European Muslims: Religious Socialization among Young Muslims in Scandinavia and Western Europe,* Routledge, pp.77-104.

ter Avest, Ina, and Bakker, Cok（2018）"Islamic Education in the Netherlands", in: Daun, Holger, and Arjmand, Reza（eds.）*Handbook of Islamic Education,* Springer, Cham. https://doi.org/10.1007/978-3-319-53620-0

Vlaamse Overheid（2019）"Statistisch jaarboek van het Vlaams onderwijs 2018-2019", https://onderwijs.vlaanderen.be/nl/statistisch-jaarboek-van-het-vlaams-onderwijs-2018-2019（2020 年 9 月 25 日最終確認）

Vlaamse Regering（2016）*Actieplan ter preventie van radicaliseringsprocessen die kunnen leiden tot extremisme en terrorisme : Tweede rapportage,* VR 2016 2904 MED.0158/2, Vlaamse Regering. http://docs.vlaamsparlement.be/pfile?id=1192920（2021 年 6 月 11 日最終確認）

山根・堀江絵美（2016）「ドイツにおけるイスラーム宗教教育の展開とその社会的背景に関する一考察」『大阪大学教育学年報』21 号, pp.101-115.

山根・堀江絵美（2018）ドイツの教育における宗教多元化への対応と宗教間対話の構築──ハンブルク「みんなのための宗教科」の事例を中心に」『大阪大学教育学年報』23 号, pp.93-109.

Yasar, Aysun (2013) "Islamic Instruction in Public Schools in Germany: Expectations and Challenges", in Aslan, Ednan, and Rausch, Margaret (eds.) *Islamic Education in Secular Societies*, Peter Lang Edition, pp.125-142.

コラム 識字教育からムスリムの教育ニーズを捉える

丸山英樹

教育とイスラーム

　教育は、文化継承のための意図的な介入行為として営まれるもので、もともと多様な形をとる。そのため、国民国家における国民教育を主たる目的とした近代公教育である近代学校で提供されるものは、教育の一部でしかない。近代公教育はフランス革命時の理念として示されて以来、教育制度として中立性、義務性、無償性を特徴に持ち、それが普及していない地域では近代化が不十分であると捉えられがちである。また、日本の教育において「中立性」は、政治的側面以外では、世俗主義を指す宗教的中立性を意味する。

　文化の継承という点から、宗教と教育は非常に近い関係を持つ。イスラームにおいても、それは例外ではなく、ムスリムの家庭では個別に教育がなされ、モスクなどでの礼拝時における説教も教育として捉えることができる。

　宗教教育は、特定の宗教の立場から、その宗教教義や儀礼を通した信仰への導き、または信仰の強化を目指す宗派教育と、宗教に関する客観的な知識を理解させる宗教知識教育に大きく分類できる。ムスリムが多数派を占める社会では両者とも学校内外の教育で扱われるが、社会の少数派である場合、学校における科目は知識教育のみとなることも多い。

　ある国においてムスリムが多数派である場合、近代学校と同様のカリキュラムを有しつつ、イスラーム教育も十分に行うマクタブやマドラサなどの学校が設置されていることが通常で、イスラーム研究を主とする大学も存在する。また、一般的にムスリム保護者は、その子どもが宗教心の厚い人間に育つことを希望し、およそ7歳になる頃には礼拝や断食を始めるよう教育する。この家庭教育は、クルアーンやハディースによって規定される食事や振る舞いなどを扱い、特に父親の

宗教心が強い場合、子どもは厳しく躾けられる。聖俗を明確に分離しない空間では日常生活におけるイスラームにもとづく社会規範がしばしば教育的である。

　他方、人の国際移動やグローバル化によって、ムスリムは世界のどの国でも居住する今日、ある社会でムスリムが少数派の時、いかなる教育が担保できるかが課題となる。例えば、ムスリム移民も多い欧州諸国は、個人の権利として近代学校における宗教教育を認めている。各自の信仰について学ぶため各学校でもイスラームについての教育機会が原則的に担保される。しかし実際には、ムスリム児童生徒が少ない場合やイスラームを教えられる者が近隣に不在の場合、教科書や教材による自習のみの環境も見られる。そのため、保護者による学校設置を認める欧州諸国においては、ムスリム保護者たちが自身の子どもの宗教教育のために学校を立ち上げることもある。特に、男女平等を前提とする欧州の学校によって形成される規範だけではない選択肢を求めて、女子教育についてムスリム家族からのニーズは強いことがある。

言語教育・識字教育

　社会の少数派としてのムスリム移民が抱える課題は、宗教教育だけではない。数ある課題のうちの一つには、言語の課題がある。例えば、ドイツ都市部で暮らすトルコ系移民3世の男性が、親族によって紹介されたトルコのある村からの女性と結婚した場合、その女性はドイツ語を解さないことがある。ドイツでは衛星放送やインターネットを介したトルコのテレビ番組などを視聴でき、また近隣の住民はトルコ系移民も多く、食材はトルコからの輸入品を揃えることが可能なため、本人も外出する機会が特に多いわけではないと、トルコ語のみで生活することになる。すると、その子どもは家庭ではトルコ語を話し、学校などではドイツ語を使うことになる。家庭言語と教授言語が異なる場合、その子どもの学校の成績は悪くなりがちで、進学する学校の選択や卒業後の就職で不利になることが知られている。また、このことが本人のドイツ社会への所属意識を下げることになり、公用語の教育が重要であると多くの研究で指摘されている。そのため、経済開発機構（OECD）や欧州の政府機関が移民に対する教育の拡充を求めている。

　一般的に、欧州の学校では公用語の教育の他、母語教育の保障もされており、移民はその出自に応じて家庭言語を学習する機会があると

いえる。だが、言語能力が高いだけでは、就職が保障されるわけではない。これは構造化された差別の議論となるため、ここでは職能開発のみに着目すると、学校以外の教育施設（日本の公民館に類似）において移民たちは、仕事に直結する技術を獲得することができる。欧州評議会や近年の成人教育研究では、これらの職業教育をノンフォーマル教育として分類しており、経済活動に役立つ技能習得とみなし、より充実させる方針がよく見られる。

　しかし、元来ノンフォーマル教育では、学習者本人の教育ニーズを重視する。つまり、他人にその教育および獲得された技能が認められるか否かという点と同様に、自分にとって重要な教育であるかという点も捉えることになる。そのため、就職が有利になる技能を獲得させる教育も、自らのアイデンティティの確認や性別による役割を捉えるイスラーム教育もムスリムにとって同等に重要となる。こうした捉え方は、およそ1970年代に世界的に議論された識字教育の議論にも見られた。すなわち、識字教育とは単に文字が読める・書けること以上に、文字によって作られる意味空間で、文字の活用や可能性を認識することを指す。識字はエンパワメントそのものであり、学習者は社会における自らの役割や位置づけを把握し、時に自分と周辺環境を変化させる主体となる。

　注記：本コラムは、丸山英樹「欧州ムスリム移民の教育」八木久美子ら編『イスラーム文化事典』丸善出版（近刊）の一部をもとにしている。

終 章
まとめ

日下部達哉

　本書では、世界のイスラーム教育の改革について、アラブ首長国連邦、バングラデシュ、インドネシア、ウズベキスタン、ブルキナファソ、モロッコ、ベルギーを事例に、現地での研究経験のある7名の研究者が、過去4年にわたって調査してきた結果を掲載している。

　各執筆者が、それぞれの章で展開してきた、詳細な記述は、現代イスラームが直面するグローバル社会に対する生の声を如実に拾い上げている。

　まず、中島論文におけるアラブ首長国連邦（UAE）の事例研究では、イスラーム教育のカリキュラムが導入されたのが、2016/2017年であったことが、日本人としては意外な印象を受けるだろう。しかし本論の立場に立てば、やはりグローバルな情報による価値変容がアラビア半島の国々にも及んでいるからこそ、自明の理であったイスラームの価値観に支えられていたムスリムネスをわざわざ教える必要に迫られていると捉えられる。中島が見出した枠組みが、ムスリムネスに通ずる「正直さ」というものである。イスラーム教育でも、道徳教育でも「正直さ」が教えられており、どちらも正直さ、不正直さの正誤を問う内容があるが、道徳教育において、より子ども自身が考えたり、議論したりする題材に絞られていることを分析している。さらに、連邦教育省の評価部門の専門家へのインタビューによって、価値の中核はイスラームであるが、イスラーム教育と道徳教育は互いに相反することはなく、異なる方法論を通じて、より市民性的な考察のあり方にもつながっており、他の市民や国ぐにへと開くような方向性を示している。

　また、拙稿では、無認可で、イスラーム教育を主とするコウミマドラサが、それまで展開が手薄であった地域でこそ増え続けている様相、さらに一般教

科、とりわけ英語教育の内容的改革を行うなど、現代バングラデシュ社会の急激な変化の中でもイスラームを位置づけようとし、教育市場の競争から取り残されないよう、かつイスラーム教育を通じて人々がムスリムネスを失わないような改革をしようとしている。

服部論文では、19世紀後半以降、オランダ植民地政府による西洋式の学校拡大のなかで、ムスリムの需要を満たしつつ「近代的」な教育形態を部分的に取り入れたマドラサとプサントレンは、オランダ植民地政府によって設立された学校と並行して、二元的な学校教育制度が創出されてきたことを指摘している。したがって、イスラーム教育は、植民地期から一貫して「民」あるいは「私」の学びの場として地域社会に根を下ろし、イスラームの知の継承に重要な役割を担ってきたことを示している。第二に、植民地期には乖離していた二元的な教育制度であったが、独立後の国民教育形成期には一般学校とマドラサの標準化が図られた結果、一般学校とマドラサの相互進学が可能になるとともに、カリキュラム面での共通性が強化されたことを解明するとともに、プサントレンは現代もあえて標準化を図らないことでその独自性を維持していることを指摘している。第三に、2003年教育法にて、地域住民はフォーマル教育あるいはノンフォーマル教育において、宗教的特性、社会・文化的環境に合わせて地域社会に基礎をおく教育を運営する権利をもつことが示されたことにより、各学校における教科の裁量権や地域性を生かしたカリキュラムを実施することで、各学校がイスラーム諸学の知の継承に重要な役割を負っていることを示している。また一方で、穏健なイスラームの涵養を行うべく、政府がプサントレンを管理しようとする、プサントレン法 (2019) もできたことも、本論で明らかとなっている。

河野論文では、中央アジアのウズベキスタンの事例研究から、「国家による寛容な世俗教育」とイスラームが併存する状況を描いている。公的な教育の内容はあくまで科学的、例えばダーウィンの進化論を是とし、イスラームの服装とは相いれない標準制服が取り入れられているが、一方でマハッラといわれるムスリム共同体が、学校と連関を形成し、イスラームに根差す民族の文化や伝統に触れる機会を多く作っているという。そのように、国家、教

育機関、宗教権威とせめぎ合い、連携する中から、旧ソ連の無神論的教育で
あったころからイスラームが復興してきているさまを本論は描いている。

　視点をアフリカに転じよう。清水論文で議論されたブルキナファソは、フ
ランスの旧植民地であった。また、独立したとき、ライシテ原則のもと、非
宗教化した国民国家として独立した。しかし、現地には、クルアーン学校や
フランコ・アラブ学校、またマドラサといわれるイスラーム教育が存在して
いる。このうち、フランス式教育とクルアーン学習を折衷した、フランコ・
アラブ学校が、政府認可を目指して増加し続けていることが明らかにされた。
人々の教育熱は上がってきているものの、他の開発途上国の例にもれず、政
府の力は弱く、貧困層にまで教育を送り届けることができない。そこに、宗
教組織が NGO 化し、福祉や教育を担うようになっていると本論は指摘する。
民間、とりわけ宗教の力によって教育開発を行わせ、政府は認可すればよい
という状況である。しかし、このことにより、イスラーム教育が国民にいき
わたり、ムスリムネス再生産の仕組みが強化されている、ということが明ら
かにされた。

　また、モロッコの事例をあつかった黒川論文では、フォーマル教育にも、
ノンフォーマル教育にもイスラーム教育のユニットが存在していることが明
らかにされた。また、グナワ音楽という観光資源を有する村、すなわちグロー
バルなものと近接性の高い村において、村内の教育機関が、現在のイスラー
ム教育が不十分であることを認識、イスラームがもつ社会性を子どもたちに
身につけさせ、異文化との交流のため、イスラームを基盤とする良いコミュ
ニティを構築するための改革が行われていることを析出している。

　そしてベルギーの事例をあつかった見原論文では、1975 年から公立学校
でのイスラーム教育が始まり、公的な枠組みの中で積極的にイスラーム教育
がはぐくまれる様子、また公的な枠組みだからこそ、その枠を越えられない
という論争的な状況が解説されている。イスラーム教育選択の割合は導入以
来増加し続け、全体の 2 割、都市部公立校の 3 割を占めるに至っているとい
う。また、他国の例でも観察された宗教教育と市民性教育の併修が 2015 年
から始まり、さらにマニュアル化 (コンピテンシー基準の明確化) も進み、過激

化を防ぐための「健全な社会統合」が進行しているという。ウズベキスタンの事例でも見られたこの、相矛盾する動きの同時進行は、国が主導しているとはいえ、過激主義に対応するための主体的なイスラーム教育改革の動きだといえる。

　ところで本書ではまず、①アジア、アフリカ、欧州におけるムスリム居住地域で進行する社会・政治環境、情報環境、人間関係の変容を明らかにする、という研究目的を掲げ、研究を推進してきた。事例研究であったため、当然ながらおさえきれていない情報のほうが多い。しかし、それでも事例研究の背後に何があるのかは、合理的に推測できる。各国のイスラーム教育は、イスラーム諸国の独立以降、また、グローバル化の進行、テロが頻発した時期以降、変革を迫られ、事実、改革に走った。結果として、イスラーム教育制度としての存続、公教育の一部に残り続けるなど、居場所を確保した。その一方で、宗教的内容は、世俗の概念である市民性とつながるまたは併存するような位置づけをとるようになり、より平たい存在となるよう、舵をきってきている。

　またバングラデシュの事例におけるような、英語教師がコウミマドラサで教える、あるいはベルギーの事例におけるような、週2時間の宗教教育のうち、1時間は、哲学・市民性教育を教えるというような人的、内容的循環性が発見されたが、そうした機能が現代のイスラーム教育に備わったとみていいだろう。

　次に、②改革の素地となる世界各地のイスラーム教育制度（認可・無認可）の最新情報、改革の担い手、受け手、コミュニティ、政府、宗教権威等のアクターを調査し、イスラーム教育改革を活写、「今日的イスラーム」の創出プロセスを浮き彫りにする、という目的も設定した。①でみられた改革の状況は、裏を返せば、宗教権威・運営側には、イスラーム教育として存在を存続させる意思があるがゆえに、形や方法は変えても、イスラーム教育が内包する価値は変えていないということである。ただし、認可か、無認可かという面は多様性がみられ、バングラデシュのコウミマドラサのように公的補助

は不要だが、独自性を保ちたい、というケースもあれば、ブルキナファソの
フランコ・アラブ学校のように、政府にすり寄って、認可をもらいたいとい
う動きを見せる場合もあった。また、各国の実践からは、イスラーム教育提
供側が、現代社会の動きを咀嚼し、それに見合ったイスラーム教育の改革を
施し、異文化との接触に備える、過激化を抑える、グローバルな市民性と共
存する、といった動きをみせていた。

　最後に、③①と②の研究を国際比較研究し、地域のコンテキストに沿った
イスラーム教育の地域展開の独自性、また共通性の中に見いだされるイス
ラーム的統一性について分析を行う、というものであった。イスラームにつ
きまとっているイメージから来るものだが、イスラーム過激派によるテロの
脅威があるため、各国政府をはじめ、人々からのイスラーム教育改革の圧力
になっている、つまり、外圧が改革のドライビング・フォースになっている
ことはどこの国も共通してもっている状況であると考えられる。もう一つの
共通性は、宗教教育と市民性、あるいは宗教教育と道徳教育といった、二律
背反はしないまでも、重複する部分を持ちながら、異質な面もあることとの
距離の取り方であろう。バングラデシュでは、アリアマドラサという、宗教
と世俗を同時に教えるユニットがあるが、ウズベキスタンではマハッラとい
う共同体が、宗教教育と市民性教育とののりしろの部分となっていた。また、
UAE、ベルギーでは、公的な枠組みの中で市民性や道徳といったものが同時
に教えられるような状況がつくられていた。次に、多様性の部分であるが、
グローバル経済の進展により世俗の教育も旺盛に多様化し、イスラーム教育
も教育市場の一員になった、という事情からくる多様化である。モロッコや
ウズベキスタンの事例のように、新たにイスラーム教育を立ち上げるような
ところもあれば、バングラデシュやUAEのように、それまであったイスラー
ム教育を変容させて、教育市場の変化に対応しようとしているところもあり、
まさに多様化の側面も見られる。

　まとめに入ろう。本書が明らかにしてきたのは、新自由主義の波にもまれ
ながらも、地道で、ときに痛みも伴うイスラーム教育の改革であり、現代社
会にイスラームを正当に位置づけること、そして人々がムスリムネスを忘れ

ることがないように、現代における新しい現象、事柄を解釈し、マドラサな
どのイスラーム教育施設を通じて、時代に合った新しいイスラーム教育を提
供し続けようとしている姿であった。それは何も特別な姿ではない。ごく普
通の、等身大のムスリムの教育的営みである。編者は、フィールド、また文
献を通じて彼らの改革姿勢を見ているが、とても必死に取り組んでいるよう
に映る。あるいは、変化に耐えられず、閉校してしまうような悲愴さを目の
当たりにすることもある。こうした必死さや悲愴さにたいして、おもわず共
感してしまうのは、本書の執筆陣も実は同じような境遇にあるからではない
だろうか。どこも事情は同じなのである。

　つまるところテロや戦争によって、多くのムスリムが望むイスラーム復興
が達成されるわけでは断じてない。政治的ではあるものの、対政府、対異文化、
対顧客などという相手と、対話、対立、交渉を地道に繰り広げながら、復興
へむけて日々尽力した暁に、対話の相手と理解が深まり、イスラーム復興は
やってくるものなのである。またそうしてやってきた復興は、決して何かの
対立軸にあるものではなく、各所で居場所と役割が与えられ、平和構築に貢
献するものとなっていなければならない。本書では、ムスリムを、我々と同
じ目線で観察してきた。そのため、ムスリムの、ごく普通の姿が十分に伝わっ
たのではないかと考えている。むろん、そのことをもって完全なる平和が到
来するわけでもないだろう。しかし、出版されたこと自体が一つの楔になる
ことを期待する。

あとがき

　本研究グループの始まりは、まだ私が若手の時分における、細々とした研究活動からであった。現在では閉鎖されている早稲田大学イスラーム地域研究機構に在籍中の 2009 年、本書執筆陣のお一人でもある河野明日香さん、久志本裕子さん、そして日下部の三人で、イスラーム教育の場の変容について、ウズベキスタン、バングラデシュ、マレーシアを事例に比較教育学会で発表を行ったことが契機である。80 － 90 年代という冷戦のインパクトに隠れがちであるが、ムスリムの自覚が大きく動き、イスラーム復興運動が起こったことで、各国のイスラーム教育が改革を始めていたことを話したように思う。「しなければならない研究」というものではなく、本当の意味で興味本位を貫くことができた良い時代であった。しかしそうしたことが通用していたのはこのあたりまでで、研究の世界にいる者ならば周知のとおり、成果、それも短期的な成果を問われる時代に突入した。

　そのような厳しい環境にあっても、この研究は意外にしぶとく生き残り、日本学術振興会の科学研究費補助金や民間の助成金などに採択され続けた。先の小さな学会発表がずっと頭にあって、やってみようと思いついたのが、若手研究 (スタートアップ)「南アジア諸国の初等・中等教育制度拡充における宗教教育機関活用に関する研究」(2009-2010 年度) である。この研究で、無認可である南アジアのコウミマドラサが、自らのオリジナリティを求める一方、資金調達の難しさ、悩ましさに直面していることが分かった。この研究をしているあいだに、現職である広島大学教育開発国際協力研究センターに移り、しばらくやっていなかったが、挑戦的萌芽研究「現代南アジアのイスラーム教育機関マドラサによって創出されるムスリムネスの研究」(2015-2017 年度) によってふたたび日の目をみた。この研究で、よりマドラサのオリジナリティの根源に迫りたいと考え、ムスリムネスというキーワードを、おそらく国内では初めて、研究の俎上に載せることができたと考えている。続いて、この

考えをほかの国の事例も交えて考えてみたいと思い、本書執筆陣をお誘いし、(基盤 B)「ムスリム居住地域で進行する主体的なイスラーム教育改革に関する地域間比較研究」(2017-2020 年度) を申請、採択された。ここで本書の執筆陣が仲間に加わってくれ、一気に強力な研究グループとなった。研究会では、私がまったく知らなかったヨーロッパのマドラサで行われていたセクシュアリティ教育、中東における教科書改革の動き、アフリカのフランコアラブ学校やモロッコの農村におけるイスラーム教育の動き、中央アジアのマハッラの教育、インドネシアのプサントレンなどの知見がもたらされるなど、驚きと発見の連続であった。さらにそうした動きのなかには、イスラームの何を守って、何を改革するか、ということの通奏低音が流れていることも浮き彫りとなった。つまり、世界的なイスラーム教育改革のダイナミズムについて、私はバングラデシュやインドで定点観測していたことに気づいたのである。これによって、ムスリムネスの多様性(地域性)と、通奏低音(共鳴性)を描くという研究課題を構想することができ、現在、さらに日本を含め、地域を拡充させたうえで、(基盤 A)「イスラーム教育によって創出されたムスリムネスの地域性と共鳴性」(2021-2024) を走らせている。既に、世界のどこでも戦えるような気鋭の若手研究者らが参加してくれているが、2024 年度まで "営業中" なので、関心のある方々はぜひ本研究に参画していただきたい。

　さらに本書の刊行に際しても、(学術成果公開促進費 課題番号：21HP5182)「イスラーム教育改革の国際比較」(2021) を頂くことができた。細々とした関心が、大きな研究グループが成長する中で、フィールドに行くことができたのも、出版までこぎつけたのも、学振の支援があっての話であり、記して感謝したい。本研究自体はまだ継続しており、本書は、例えるなら、寄港地に停泊している船といえる。寄港地である現時点は、各地で得てきた物資を下ろし、次の航行に必要な荷物を積もうとしている状態である。研究というものは、やればやったで不足しているものが明らかになり、次へのモチベーションにつながるのだが、ぜひ、読者の方々には忌憚ないご意見をお寄せいただき、次回の船旅に際して大いなるご助力を賜りたい。また科研費申請、編集に際して多大なるご尽力をいただいた東信堂の下田勝司社長に、この場を借

りて御礼を申し上げたい。

　本書の刊行は当然ながら、編者の努力だけでできたことではない。本書執筆陣は、若手を除けば、大学では責任世代であり、大学や研究室の学務・運営に忙殺されながらも、子どもも育て、家族を養う、たった一人で多くを支える側である。研究会を開催しても、メールのやり取りをしていても、私自身が家族に支えられる毎日であるがゆえに、家族、子ども、雑務、時間、というキーワードが頻出し、現代の中堅研究者の多忙さの一側面が伺えた。そのような中、本研究に携わってくださり、研究会に参加いただき、玉稿を寄せてくれた執筆陣には深く感謝したい。そして、編者・執筆者らが本書を編めたのは、フィールドにおいてデータ・情報を提供してくれたインフォーマントの方々のおかげでもある。またさらに、我々執筆陣を背後で支えてくれている家族の方々の支えがあってのことである。執筆陣には、尽くしがたい感謝の念を感じているが、それと同じように、メールやおしゃべりの端々でその影だけを垣間見る、彼らを支える家族や仲間にも深謝申し上げたい。

　さらに、本研究が安定して継続できたのも、私が所属する広島大学教育開発国際協力研究センター（CICE）の吉田和浩先生と石田洋子先生、また、私の赴任時から5年お仕えした黒田則博先生（当時センター長）が温かく、かつ冷静に見守り続けてくれたからこそである。研究センターの存在意義は今日、問われ続けてきているが、すなわちそれは常に成果を出し続けていく必要性に他ならない。先生方は上に立つものとして、そうした戦いの矢面に立ち続けながらも、その泥試合を私には見せず、研究を続けさせてくれた。結果として、本書の発刊が達成されるとともに、日本の大学の多くが、激動している最中にあって、CICE はその名前を残し、独自性を発揮し続けている。それもどこまでもつのかわからないが、どうしてもその姿が、運営に苦悩するマドラサと重なってしまう。ただ多くのことが刷新されることで、CICE では比較的、自由な研究環境が確保されている。小さなセンターながらも、大きな器を有する研究センターによって、本研究が相成っていることもお伝えしておきたい。センター運営をお支えくださっている、学内外の CICE ファミリーの皆様にも御礼を申し上げたい。

　また、ここで個人的なことを記すことをお許しいただきたい。去る2020年12月3日、私が九州大学大学院在籍時から、南アジア研究で仲良くさせていただいている針塚瑞樹さん、赤井ひさ子先生とともにお世話になってきた、インド教育研究の泰斗であられた九州大学名誉教授の弘中和彦先生が逝去された。弘中先生のご自宅にある大量の蔵書をCICEにお引き受けしてから1年と少し後のことであった。先生は日本比較教育学会、日本南アジア学会といった全国の学会でご活躍されたのはもちろんのこと、九州南アジア研究会という福岡の小さな集まりをとても大事にされていた。小さいながらも多彩な分野の話を聴くのが面白いと常々おっしゃっておられた。先生とは家族ぐるみのお付き合いをさせていただき、高潔な精神と、退官して20年以上経過しているとは思えないほどのフレーミングで、研究内容を拙く話す私にご示唆をくださった。コロナ禍のため、きちんとしたお別れもできず、ただただ心に寂寥の風が吹いている。しかし残った研究者が今後も研究を続け、弘中先生の大事にされた集いを忘れないことが先生の恩に報いる、最も喜ばれることだと信じて生き続けたい。

　さらに、拙いながらも本書の編集を行うことができたのは、九州大学大学院に在籍中、ご指導いただいた望田研吾先生のもとで、博士論文の執筆はむろんのこと、研究会の企画、科研報告書の編集、学会やフォーラムの運営などに携わることができたおかげである。同じく、指導いただいた竹熊尚夫先生には、現在も比較教育学について議論をする場面を頂いており、私の研究面での力となっている。私自身が、博士後期課程の院生を受け持つ現在、ある研究人の基礎をつくるという重要性と大変さを痛感するが、それを感じることができるのは先生方のおかげであることを記して感謝したい。

　お礼を言わなければならない方々が多すぎて、記せないことがもどかしいが、最後に口語体で話させていただければ幸いである。本書を手にとっていただいた皆さん、本当にありがとうございます。本書は、編者、各章執筆者とその家族、フィールドで出会った方々との共同作業で編まれたものです。そして最後の共同作業者が、読者の皆さんです。本書を通じて、少しでもムスリムの生活、教育に心を寄せていただけると、この共同作業は、一つの区

切りを迎えることができます。様々なご意見もお寄せくださいますと幸いで
す。ではまた、次回作でお目にかかることができたら幸いです！

日下部　達哉

事項索引

人名索引

執筆者紹介

日下部　達哉（くさかべ　たつや）〔編者／序論、2 章〕　奥付参照

中島　悠介（なかじま　ゆうすけ）〔1 章〕大阪大谷大学教育学部准教授。

中島悠介 (2021)「アラブ首長国連邦：国際化した社会における待ったなしの教育改革」小原優貴（編著）『アジア教育情報シリーズ 3 巻 南・中央・西アジア編』一藝社、pp.75-90。

御手洗明佳・中島悠介・柳田雅明 (2021)「外国カリキュラムを提供する学校への公的関与のあり方に関する一考察－ドバイにおける学校監査を事例として－」『早稲田大学大学院教育学研究科紀要別冊』第 29 号 -1、pp. 25-35。

中島悠介 (2016)「アラブ首長国連邦における国民と外国大学分校：教育ハブの中の『アラブ基盤型』発展論理」日本比較教育学会編『比較教育学研究』第 53 号、pp.93-115。

服部　美奈（はっとり　みな）〔3 章〕名古屋大学大学院教育発達科学研究科教授。

服部美奈・小林寧子編著（長沢栄治監修）(2020)『教育とエンパワーメント（イスラーム・ジェンダー・スタディーズ 3）』明石書店。

服部美奈 (2001)『インドネシアの女子教育－イスラーム改革運動のなかの女性』勁草書房。

服部美奈 (2020)「インドネシアの公教育における卓越性と公正性－国際水準校の創設と廃止に焦点をあてて」『比較教育学研究』61 号、pp.44-63。

河野　明日香（かわの　あすか）〔4 章〕名古屋大学大学院教育発達科学研究科准教授。

河野明日香 (2010)『「教育」する共同体－ウズベキスタンにおける国民形成と地域社会教育』九州大学出版会。

Asuka Kawano（2015）, *Mahalla and its Educational Role: Nation-Building and Community Education in Uzbekistan*, Kyushu University Press.

河野明日香 (2018)「第 10 章 教育と国家建設 独立後の教育にみる人材育成」宇山智彦、樋渡雅人編著『現代中央アジア－政治・経済・社会』日本評論社、pp.231-255。

清水　貴夫（しみず　たかお）〔5 章〕京都精華大学国際文化学部准教授。

ウサビ・サコ、清水貴夫編著 (2020)『現代アフリカ文化の今 15 の視点から、その現在地を探る』青幻社。

清水貴夫 (2019)『ブルキナファソを喰う　アフリカ人類学者の西アフリカ「食」のガイド・ブック』あいり出版。

清水貴夫 (2016)「「ストリート・チルドレン」を再生産する NGO－ブルキナファソ、ワガドゥグ市の事例から」『文化人類学』81 巻 2 号、日本文化人類学会、pp.312-321。

黒川　智恵美（くろかわ　ちえみ）〔6章〕広島大学大学院国際協力研究科博士後期課程

　黒川智恵美（2019）「スーダン共和国の頭脳流出における高等教育政策改革の一考察—首都ハルツームの若者へのインタビューから—」広島大学教育開発国際協力研究センター編『国際教育協力論集』22巻1号、pp.47-60。

　黒川智恵美（2020）「難民の継続的な教育活動を阻害する要因に関する考察：エジプト・カイロにおけるスーダン難民を事例として」アフリカ教育学会編『アフリカ教育研究』11号、pp.55-66。

見原　礼子（みはら　れいこ）〔7章〕同志社大学グローバル地域文化学部准教授。

　見原礼子（2009）『オランダとベルギーのイスラーム教育——公教育における宗教の多元性と対話』明石書店。

　見原礼子（2020）「ヨーロッパの公教育制度におけるイスラーム教育導入のプロセスと論点」伊達聖伸編著『ヨーロッパの世俗と宗教——近世から現代まで』勁草書房。

　Reiko Mihara（2020）School for their Own: Experiences of Ethnic and Religious Minorities in Japan and European Countries, in: Maruyama, H.（ed.）*Cross-bordering Dynamics in Education and Lifelong Learning : a Perspective from Non-formal Education*, Routledge, pp.76-91.

丸山　英樹（まるやま　ひでき）（コラム）上智大学総合グローバル学部教授

　Hideki Maruyama ed.（2020）*Cross-Bordering Dynamics in Education and Lifelong Learning: A Perspective from Non-Formal Education*, Routledge. 丸山英樹（2016）『トランスナショナル移民のノンフォーマル教育：女性トルコ移民による内発的な社会参画』明石書店。

　丸山英樹・太田美幸編著（2013）『ノンフォーマル教育の可能性：リアルな生活に根ざす教育へ』新評論。

編著者紹介

日下部　達哉（くさかべ　たつや）　広島大学教育開発国際協力研究センター副センター長／准教授。

日下部達哉著 (2007)『バングラデシュ農村の初等教育制度受容』東信堂。

日下部達哉編著 (2022)『イスラーム教育改革の国際比較』東信堂。

日下部達哉 (2020)「比較事例研究からみる日本型教育の特徴－ベトナム、ザンビア、バングラデシュ、南アフリカの比較から」日本教育学会編『教育学研究』86 巻 4 号、pp.35-47。

Tatsuya KUSAKABE(2012)Impact of Education Expansion on Employment in Bangladesh: Comparing two cases of villages in remote and suburban rural settings, *Journal of International Cooperation in Education*, 15-2, pp. 53-68.

Azam Md Golam, Tatsuya Kusakabe(2020) Improving the Efficacy of English Instruction at Qawmi Madrasas(Islamic Seminaries) in Bangladesh, *SAGE Open*, 10-2, Published online.

International Comparison of Re-formings of Islamic Education

イスラーム教育改革の国際比較

2022 年 2 月 15 日　　初　版第 1 刷発行

〔検印省略〕
定価はカバーに表示してあります。

編著者ⓒ日下部達哉／発行者　下田勝司

印刷・製本／中央精版印刷

東京都文京区向丘 1-20-6　　郵便振替 00110-6-37828
〒 113-0023　TEL (03) 3818-5521　FAX (03) 3818-5514

発　行　所
株式 東信堂
会社

Published by TOSHINDO PUBLISHING CO., LTD.

1-20-6, Mukougaoka, Bunkyo-ku, Tokyo, 113-0023, Japan

E-mail : tk203444@fsinet.or.jp　http://www.toshindo-pub.com

ISBN978-4-7989-1751-1 C3037　ⓒ KUSAKABE, Tatsuya

東信堂

イスラーム教育改革の国際比較　日下部達哉編著　二七〇〇円

バングラデシュ農村の初等教育制度受容　日下部達哉　二六〇〇円

インドネシアのイスラーム基礎学習の組織的展開
—学習テキストの創案と普及　中田有紀　三三〇〇円

中央アジアの教育とグローバリズム　嶺井明子／川野辺敏 編著　三二〇〇円

インドの無認可学校研究 —公教育を支える「影の制度」　小原優貴　三二〇〇円

タイの人権教育政策の展開
—人権と伝統的多様な文化との関係　馬場智子　二八〇〇円

マレーシア青年期女性の進路形成　鴨川明子　四七〇〇円

多様性と向きあうカナダの学校
—移民社会が目指す教育　児玉奈々　二八〇〇円

カナダの女性政策と大学　犬塚典子　三九〇〇円

多様社会カナダの「国語教育」(カナダの教育3)　関口浩之／浪田克之介編著　三八〇〇円

21世紀にはばたくカナダの教育(カナダの教育2)　小林順子他編著　二八〇〇円

ケベック州の教育(カナダの教育1)　小林順子　二〇〇〇円

トランスナショナル高等教育の国際比較 —留学概念の転換　杉本均編著　三六〇〇円

チュートリアルの伝播と変容
—イギリスからオーストラリアの大学へ　杉本均　三六〇〇円

【第三版】オーストラリア・ニュージーランドの教育
—グローバル社会を生き抜く力の育成に向けて　竹腰千絵　二八〇〇円

戦後オーストラリアの高等教育改革研究　青木麻衣子／佐藤博志編著　二〇〇〇円

オーストラリアのグローバル教育の理論と実践
—開発教育研究の継承と新たな展開　佐藤博志　五八〇〇円

オーストラリアの教員養成とグローバリズム
—多様性と公平性の保証に向けて　木村裕　三六〇〇円

オーストラリア学校経営改革の研究
—自律的学校経営とアカウンタビリティ　本柳とみ子　三六〇〇円

オーストラリアの言語教育政策
—多文化主義における「多様性と」「統一性」の揺らぎと共存　青木麻衣子　三八〇〇円

英国の教育　佐藤博志　三八〇〇円

イギリスの大学 —対位線の転移による質的転換　日英教育学会編　三四〇〇円

イングランドのシティズンシップ教育政策の展開
—カリキュラム改革にみる国民意識の形成に着目して　秦由美子　五八〇〇円

菊地かおり　三二〇〇円

〒113-0023　東京都文京区向丘1-20-6　　TEL 03-3818-5521　FAX03-3818-5514　振替 00110-6-37828
Email tk203444@fsinet.or.jp　URL:http://www.toshindo-pub.com/

※定価：表示価格（本体）＋税

東信堂

若手研究者必携 比較教育学のアカデミック・キャリア
―比較教育学を学ぶ人の多様な生き方・働き方　森下稔・市川桂子 編著　二〇〇〇円

若手研究者必携 比較教育学の研究スキル　近田政博・西野節男・矢野礼菜 編著　一七〇〇円

リーディングス 比較教育学 地域研究　日本比較教育学会編　三七〇〇円

―多様性の教育学へ リーディングス 比較教育学　日本比較教育学会編　一二〇〇〇円

比較教育学事典　日本比較教育学会編　三二〇〇円

比較教育学の地平を拓く　森下稔 編著　四六〇〇円

比較教育学―越境のレッスン　山田肖子 編著　三六〇〇円

比較教育学―伝統・挑戦・新しいパラダイムを求めて　馬越徹　二八〇〇円

国際教育開発の研究射程
―「持続可能な社会」のための比較教育学の最前線　M・ブレイ編著　馬越徹・大塚豊監訳　二四〇〇円

国際教育開発の再検討 ―途上国の基礎教育普及に向けて　北村友人編著　小川啓一・西村幹子　三八〇〇円

発展途上国の保育と国際協力　浜野隆編著　三輪千明　三六〇〇円

中国教育の文化的基盤　顧明遠著　大塚豊訳著　二九〇〇円

中国大学入試研究 ―変貌する国家の人材選抜　大塚豊　三六〇〇円

東アジアの大学・大学院入学者選抜制度の比較 ―中国・台湾・韓国・日本　南部広孝　三三二〇円

中国高等教育独学試験制度の展開　南部広孝　三六〇〇円

現代ベトナム高等教育の構造 ―国家の管理と党の領導　関口洋平　三四〇〇円

中国の職業教育拡大政策 ―背景・実現過程・帰結　劉文君　三九〇〇円

中国における大学奨学金制度と評価　王帥　五四〇〇円

中国高等教育の拡大と教育機会の変容　王傑　五〇四八円

中国の素質教育と教育機会の平等
―都市と農村の小学校の事例を手がかりとして　代玉　三九〇〇円

現代中国初中等教育の多様化と教育改革　楠山研　五四〇〇円

日本高等教育における「グローバル人材」育成力
―留学生の人材自己形成過程の視点から　譚君怡 編著　五八〇〇円

グローバル人材育成と国際バカロレア ―アジア諸国のIB導入実態　李霞 編著　三四〇〇円

台湾における高等教育多様化の論理　廖于晴　三六〇〇円

文革後中国基礎教育における「主体性」の育成　李霞　二九〇〇円

「郷土」としての台湾 ―郷土教育の展開にみるアイデンティティの変容　山﨑直也　四六〇〇円

戦後台湾教育とナショナル・アイデンティティ　山﨑直也　四〇〇〇円

〒113-0023　東京都文京区向丘1-20-6　　TEL 03-3818-5521　FAX03-3818-5514　振替 00110-6-37828
Email tk203444@fsinet.or.jp　URL:http://www.toshindo-pub.com/

※定価：表示価格（本体）＋税